U0030636

本書獻給：
所有病友、照顧者及關注醫病議題的朋友。
生病後的人生，過程或許會讓你感到痛，
但也可能讓你看過從沒預料到的風景。

本書特別感謝：
慈濟基金會、百靈佳殷格翰、永齡基金會、社團法人台灣聯合抗癌協會，
以及江坤俊醫師、毛賢婷、廖偉志、白芷瑄、瑋瑋，
和所有幫助「我們都有病」的合作夥伴。

因為有你們的支持，
更多有意義的病友故事，
才得以被更多人看見。

我們都有病

逃避，有什麼關係？致為病拚搏的年輕世代

謝采倪◎編

病力崛起！分享是最同理的支持力量

「百靈佳殷格翰」與「我們都有病」的相識，要推回到 2018 年「台灣創意週」。「台灣創意週」，一直都志在推動用創意來解決健康與社會問題，進而改變生命。

2018 年，百靈佳殷格翰和「我們都有病」都參與了創意週，上臺分享了各自的理念，因此結識了彼此。百靈佳殷格翰在臺灣醫療產業努力了近 45 年，我們是來自於德國一家擁有 135 年歷史、世界最大的家族藥企。一直以來，我們都努力協助醫生提供病患疾病的解決方案，並促進病友提升生活品質。在醫療領域耕耘越久，我們也越加了解，除了「醫療支持」之外，「心理支持」對生病的人來說，也扮演了非常重要的角色。但有時候「不適當的」、「沒有同理心」的心理支持，卻反而會給病情或治療效果帶來負面影響。

沒生病的人要能真正同理生病的人，其實非常困難！

臺灣常見的問題是把憐憫當作同理，用自以為的關心製造了更多壓力。要生病的人「加油」、「想開一點」……，其實這些都變相成為另一種苛責，似乎是病人們努力不夠、想不開才生病的。

從 2018 年開始，我們邀請了罕見疾病基金會、早產兒基金會、廣青文教基金會、陽光基金會、唐氏症基金會……等數十個團體與諸多專家、醫師、病友分享，推出「百靈佳殷格翰同理心計畫」。

我們認為，認識是同理的第一步。

這個計畫希望可以讓沒生病的人，透過影片、故事、分享，進而擁有對病人的同理心。這一點，百靈佳殷格翰和「我們都有病」的理念幾乎不謀而

合。因為有這樣契合的理念，我們決定一起合作這一系列的病友專訪故事計畫。也因為有我們都有病團隊持續的努力，現在才會有手上這本美好的書籍誕生！

本書集結了 48 位病友、照顧者、一線醫病人員的故事分享，用溫柔的樣貌讓大家無負擔的重新認識「疾病」與「同理心」。如果這本書帶給你任何撫慰，別忘了，也把這份病力或是無病力傳遞給更多需要的人。

分享，是一切愛與美好的源頭。

百靈佳殷格翰 Boehringer Ingelheim
臺灣總經理 邱建誌

愛與幫助，往往是戰勝病魔最大的力量

面對癌症及各種罕見疾病的路上一直都有令人感動、敬佩與傷感的故事！患者的恐慌煎熬、堅強面對……，家人的陪伴鼓勵、不離不棄……，每篇都有史詩般的悲歡！

無論是個人、家人或是親友罹患重大疾病時，知道的第一時間那種「晴天霹靂」，永遠令人難以接受，同時伴隨的是腦中各種問號。

為什麼會是我？我會死嗎？我該如何治療？如何改變生活？我的家人、工作怎麼辦？我負擔得起醫藥費嗎？

事實上，在尋求各種醫學專業與輔助治療之外，心理上能夠勇敢堅強面對是非常重要的。在整個治療過程的辛苦當中，家人、親友與社會給予的愛與幫助，往往是戰勝病魔最大的力量！

非常敬佩這些生命鬥士們能夠勇敢的站出來，分享他們親身經歷的故事，讓更多病友得到更多的鼓舞，同時也喚起社會大眾，對於罕見疾病病友們更多的了解與關心。

臺灣是一個充滿大愛的厚道社會，期盼大家共同匯聚光與熱，給予罕見疾病患者與家庭更多的關懷與支持，以協助他們走出陰霾，活得健康快樂！

社團法人台灣聯合抗癌協會

理事長 張永聲

讓所有人都沒有遺憾

「害怕，孤單，覺得沒有人知道你的苦。」

我想這是許多癌症病友在罹癌初期共同的心聲。很多家屬都很努力想把生病的親人照顧好，但是家屬畢竟沒生過病，很難了解病人真正的需要。

我在臨床上曾經看過一位五十多歲的乳癌婦女，她是被她女兒帶來看診。一開始，女兒非常積極想要陪伴媽媽走過這段抗癌的路，到後來卻和媽媽時有爭吵，因為她很盡力的想要把媽媽的營養顧好，但媽媽對她精心準備的食物卻嫌東嫌西，讓她覺得媽媽非常的不配合，讓她覺得只有自己一頭熱在抗癌……事實上，如果她能了解化學治療的苦，她就會對她媽媽多一份耐心和包容。

這本書，記錄了許多病人、病人家屬，和第一線照顧病人的醫療人員的心聲，他們把自己實際經歷抗病的心情寫在書裡，每個人站在不同的角度在看待抗病這個過程。

我想這本書能讓需要的人，不管你是在對抗疾病的哪個角色，也許你是病人，是家屬，是醫療人員，甚至是朋友，都能知道自己該做什麼。不管最後的結局是什麼，都讓所有的人沒有遺憾。

桃園敏盛醫院研究副院長 江坤俊

讓年輕人的善實力，持續發展影響力

首先，恭喜「我們都有病」完成了病友故事集，這是一件很不容易的事，你們做到了！我相信這些真人真實，能為社會帶來許多正面的影響力。

回想我與「我們都有病」團隊的初次接觸，是在 2019 年 3 月慈濟基金會主辦的「青年公益實踐計畫」決賽，創辦人之一 Ani 談起自己面對癌症的心境轉折，與開啟她創立社群的想法。

當時的我是決賽的評審，打動我的不單是計畫本身，而是團隊中的每一位，雖然過著與常人不同的「如常」生活，但有感於社會對於病友的不友善，因此發起了社群，透過傳遞正確的醫病資訊、辦理病友活動等，散發正能量。這樣的精神與作為，讓我印象深刻並感到佩服。

慈濟基金會在兩年多前開始構思，有鑑於臺灣人口高齡化發展的趨勢與少子化帶來的影響，我們希望支持更多年輕人將創意發揮在公益慈善領域。因此推動「Fun 大視野 想向未來 - 青年創新推動計畫」，當中的「青年公益實踐計畫」為青年朋友創造了一個實現公益夢想的平臺，藉由年輕世代的觀點與力量，結合專家、學者的輔導，讓計畫更容易執行。

「我們都有病」即是第二屆的錄取團隊之一，基金會同時也是這本書的合力夥伴，支持「我們都有病」完成這項計畫。

我在書中看到，Kevin 透過記錄心路歷程鼓勵了身邊生病的朋友，也找到自己存在的意義；慧翎導演將罹癌的經驗與反思融入戲劇，使得作品更加發人深省；博貴醫師將面對病友的同理心延伸，工作之餘也是關懷協會的理事長，持續發揮生命的良能。

不論是病友或是陪伴者都有著同樣的信念——把愛傳出去。

其實只要能用心擴大眼界及心量，即使人生長度有限，卻可以變得寬闊豐富，將時間投往正向，就可以利益許多人。

慈濟走過半世紀，期待號召各界有志青年，以「公益」的理想出發，一同關心我們所在的土地與全世界需要被幫助的人、事、物，慈濟基金會將給予最真誠與直接的支持，同時期盼帶動一股向上提升的力量，讓臺灣美善的一面被大家看到，讓年輕人的善實力，持續發展影響力。

推薦大家透過此書，用生命陪伴生命，並祝福每一位揮灑生命彩筆的青年。

慈濟慈善事業基金會

執行長 顏博文

顏博文

【推薦序】
增加我們對疾病的認識與同理心

還記得 2018 年 12 月 19 日，我受邀出席臺大癌醫落成感恩晚會。那是一場基金會感謝臺大校方、臺大醫護人員十年來善盡心力推動臺大癌醫捐贈案，也正是我先生郭台銘先妻林淑如女士的生日。

看著臺上兩位活潑的女孩落落大方主持整場活動，幾個感人的橋段讓我數度落淚，當天才知道兩位主持人 Mina 和 Ani 都是年輕癌友。一位乳癌，另一位則是淋巴癌，青澀的臉龐藏不住她們熱情的拚勁以及對事情堅持做到好的態度，讓我先生和我留下深刻印象。當下我們更希望藉由她們在社群上的渲染力，能與永齡健康基金會攜手為更多的病友夥伴們服務。

2019 年母親節前夕，基金會邀請「我們都有病」成為抗癌盟友，Ani 用歌聲替抗癌家庭加油打氣，Mina 發揮暖實力的語言功力撫慰人心，而 Eric 和 Ruru 則以設計和企劃的長才，以最懂病友的角度為我們永齡華人抗癌聯合行動製作簡單易懂的懶人包，傳播病友需要了解的醫病知識、醫病關係。一系列的合作，帶動癌症家庭間廣泛的迴響。

Ani 參與過永齡 H.Spectrum 生醫人才培訓計畫，在「我們都有病」茁壯成為社會企業的過程中，永齡有幸成為他們的盟友，雙方共同成長，而這本專書，便是展現了這一路來幾位年輕創業家想要回饋社會的事。

在社會大眾冀望科技提升醫療技術為癌症增加治癒率的同時，也請大家好好地、慢慢地細讀這本充滿溫度的書，書中專訪了多位病友、家屬、醫護人員等，肯定會增加我們對疾病的認識與同理心。在追求樂活、養生、健康、長壽過程中，我想這是一本不可或缺的心靈好書。

永齡健康基金會

公益大使 曾馨瑩

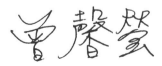

「我有病，我驕傲」、「我沒病，挺有病」

2017 年，一位年僅 20 出頭的女孩，確診罹患了癌症，從此由一位在社會打拚的年輕人，變成需要長期臥病在床的癌症患者。

人生被迫按下暫停，女孩數度認為罹癌的自己，是沒有社會產值的廢物——她害怕無法痊癒，也害怕未來無法工作，因此走入憂鬱的死胡同。但和親友分享這些情緒，也無人能同理她的心情，大多都要她樂觀、別想太多。事實上，重大疾病的病友在確診之後，因為對未來感到迷惘害怕，在日後併發精神疾患的，不在少數。

養病期間，女孩也曾遭受社會的不友善：像是網路的資訊妖魔化、在病床上被迫簽下自願離職書、身體不適坐博愛座卻被驅趕等等。這個社會，似乎對「年輕病友」的困境，還缺乏認識和一份同理心。

有感於此，三位年輕癌友，在 2018 年 4 月共同成立台灣年輕病友社群：我們都有病，致力於用知識來打造病友友善社會。

成立以來，我們已主辦超過 20 場病友友善活動，包括知識講座、病友交流小聚、倡議醫病議題的論壇和音樂會等等。2019 年，更是將 48 篇病友故事專訪集結成冊，變成你們手上的這本書。

這本書，不是呼籲大家一定要堅強樂觀地面對疾病，而是希望讀者能從中找到，與疾病和平共處的靈感或是態度。希望你們喜歡這本書，也希望這些故事，能為你們帶來力量和勇氣：）

我們都有病

全體人員 敬上

目次

💊 特別篇：故事集發起人的故事

紫薇怕打針

即便鋼筋鐵骨，也要全力以赴

花漾女孩 GO GO GO

幕後的藏鏡人

街頭故事

💊 病友視角：精神疾患

🔵 病友視角：其他疾別

💊 照顧 / 陪伴者 / 醫病人員視角

特別篇：故事集發起人的故事

紫薇怕打針

淋巴癌 Ani（謝采倪）

> 她是采倪，一名 UIUX 設計師。
> 2017 年，突然開始唱起饒舌，
> 寫了一首歌描述癌症的治療過程，
> 叫做《紫薇怕打針》。
> 「要不是得了淋巴癌，我都不知道原來自己那麼有才華。」
> 采倪打趣的說。

無法被理解的病友心情

26 歲生日剛過，采倪收到的不是卡片，而是胸腔 12 多公分的腫瘤 X 光片，和一張重大傷病卡。

確診癌症後，因為必須頻繁住院，加上治療後的不適，采倪的職涯只能因此中斷，每天臥病在床。原本她對自我價值的認知，來自於在工作上的表現、社會上的產值，以及實際的薪水收入──忽然之間，卻一切都沒了。

只剩下「病人」這個身分，讓當時的她非常心慌。

開始筆耕的契機

但如果把這些煩惱和周遭的人分享，都會被檢討：「可以不要想那麼多，先專心養病好嗎？」

無處宣洩的負面情緒，驅使采倪只好找點事情做，來排解心裡的苦悶。她開了一個粉專，叫「癌友有嘻哈」，除了記錄治療的過程和心得外，還嘗試做了一些饒舌創作。

「初期，做這些事情只是為了抒發負面情緒。會有人誇獎自己，也會有人按讚留言，那我的心情就會好一點。」

「聽起來好像很膚淺，但這會讓我覺得自己有存在的價值。」

創作饒舌的契機

講到開始饒舌創作的契機——采倪說，其實就只是因為「很憤怒」。

她曾經因為太熱，光頭戴帽子就出門。結果在路上被頻頻側目，甚至被路人用手指著嘲笑，更誇張還遇過卡車司機罵她死人妖。

「這怎麼可能不生氣？這些人這麼沒有同理心、那麼沒有素養，但周遭的人卻只會叫我不要跟他們計較。」

「當下我就決定要創作饒舌 Diss 他們。」

「因為嘻哈的精神，就是 Real ——這意味著，在創作裡，我可以不用管別人怎麼想。不爽就嗆、生氣就罵，其中也包括三字經。」采倪激動地說。

從憤怒中解放情緒

她創作的第一首饒舌歌，叫做《26》。

這首歌裡，罵了很多人，包括沒品的路人。雖然很黑暗，但卻是采倪最喜歡的創作。

「與其總是叫我們要加油、要樂觀，我認為適時的讓病友有機會釋放負面情緒，是更重要的。」

後來采倪又創作了第二首歌曲，叫做《紫薇怕打針》，這首歌的歌詞靈感，源自於經典古裝劇《還珠格格》。紫薇因為被皇后娘娘嫉妒，所以被容嬤嬤抓去處以針刑——采倪說癌友們也經常要回醫院裡打針、抽血，痛苦萬分，根本紫薇無誤。

「戴假髮還是紫薇，拿下來是五阿哥。」

采倪笑稱，這段歌詞正是許多化療後落髮的女子都會有的共同心聲。

用嘻哈的精神寫文章

隨著病情越來越穩定，采倪從為自己而創作，到現在變成為病友們創作。她是病友社群「我們都有病」的共同創辦人之一。每週都會定期在粉專上，發佈一篇病友的專訪故事——負責專訪的總企劃，也身兼總編輯。

采倪期許我們都有病出品的文章，不要變成純勵志的心靈雞湯——而是寫出每種疾病的過程，成為病友們可以參考借鏡的真實經歷。

「我希望這些故事，能幫助到更多病友走過最艱難的一段、排解醫療也無法治癒的心慌。」采倪堅定地說。

如果想實際聽采倪的創作和分享
可以用 YouTube 搜尋紫薇怕打針
戴假髮還是紫薇拿下來是五阿哥
采倪的粉專：癌友有嘻哈 謝采倪

文字：陳湘瑾 / 癌友有嘻哈 謝采倪
採訪：陳湘瑾
採訪協力：蔡孟儒 / 米娜哈哈記事本

即便鋼筋鐵骨，也要全力以赴

骨肉癌 Ruru

> 她是 Ruru，來自澎湖。
> 之前在世新大學就讀資訊傳播學系，
> 也曾在女人迷實習過。
> 她的夢想，就是成為一位網頁設計師。
> 但畢業前，老天卻對她的人生藍圖開了一個玩笑
> ──她被確診出骨肉癌。

不願相信的結果

剛開始，Ruru 只是發現自己的膝蓋經常會不由自主的疼痛。但是到各大醫院檢查後，都無任何異狀──她便不當作一回事，繼續忙碌於學業和實習工作。

一直等到過年回澎湖時，髖關節逐漸發腫，吃了許多止痛藥也沒有效果，她才下定決心要再次去檢查看看。診所的醫生一進行觸診後，便直接很大聲的說：

「不對哦！我摸過的都不是好東西，這是骨癌。」

這句話狠狠地在 Ruru 的胸口上插了一刀。當下根本不相信自己罹患癌症──「誤診」，是那時她最想聽到的消息。

十萬分之一機率

後來她回到臺灣本島的大醫院，做進一步的檢查，確診為骨肉癌。一個一年不到 200 例的罕見癌症，就這樣降臨在 Ruru 身上──她恐懼著自己是否還有未來。

「那時會覺得自己很淒涼……看著外面的人過得那麼開心，為什麼我年紀輕輕會這樣子？」

後來她接受了北榮的治療，住進了九三病房。

裡頭住的都是骨癌病友，當 Ruru 對治療有疑問時，都可以直接問隔壁的病友，過程就像是老鳥在帶菜鳥一般，減少了許多 Ruru 內心的焦慮。

資訊妖魔化

Ruru 說，治療初期，她會這麼慌恐，有一部分很大的原因，是來自於網路資訊妖魔化。

確診後，她曾經上網查詢有關骨癌的資料。但映入眼簾的都是「保命不保腿，保腿不保命……」這類驚悚的標題，看完當下直接情緒崩潰，躲在棉被裡大哭。

Ruru 說臺灣的媒體文化，為了點閱率，都習慣下重口味的文章標題來吸引使用者。就算內容是正確的，但這些字眼，卻容易讓病友對癌症更恐懼，進而放棄治療。

「難道，疾病資訊的傳播，沒有更溫柔的方式嗎？」

Ruru 思考著。

用設計專業轉化人生低谷

後來，Ruru 自發性的和主治醫師合作，設計了一個骨肉癌的網頁，叫做「即便鋼筋鐵骨，也要全力以赴」。

在這個網頁裡，除了提供正確的衛教資訊外，還佐以可愛的插圖，並用毛毛蟲蛻變成蝴蝶的過程，比喻了骨肉癌的治療。

網頁得到了很大的迴響，也有其他骨癌症的病友回饋，這個網頁，讓他們不再那麼害怕骨癌的治療。癌症，或許曾暫停了 Ruru 的人生，卻替她開啟了從未想像過的設計新道路。

第二人生

Ruru 如今是台灣年輕病友社群：「我們都有病」的首席設計師。

她定期透過插畫、圖文，製作醫病衛教懶人包，發布在我們都有病的粉專上，協助病友與他們的親友，共同面對疾病。

Ruru 以前的夢想，是成為一名網頁設計師，現在，她除了是設計師之外，還運用了自身的專業，幫助到更多需要的人。

「我覺得，好像是『我也能夠幫助別人脫離低潮』──這些回饋成為了我最大的動力，去做這麼多事，和重新站起來。」

提及「幫助病友」的願景時，Ruru 的眼裡，總是閃著堅定的光芒。

\# 曾看過我們都有病圖文懶人包的朋友們

\# 在這裡和 Ruru 說聲謝謝吧

\# 謝謝 Ruru

\# 願意為病友做這麼多事

文字：曹洸瑋 / 癌友有嘻哈
採訪：曹洸瑋
採訪協力：蔡孟儒 / 米娜哈哈記事本

花漾女孩 GO GO GO

乳癌 米娜（潘怡伶）

> 她是米娜，優雅的外型、好聽的聲音，
> 是一位廣播電臺主持人。
> 2014 年，她和交往十年的男友結婚，
> 有一份穩定的工作，預計要生孩子成立家庭——
> 洗澡時無意摸到的胸部腫塊：
> 乳癌，卻打亂了她的人生規劃。

乳癌對生活造成的衝擊

被確診罹癌，無疑是重大打擊，對生活與計畫都是。

米娜形容，那種感覺就像是你周遭同齡的朋友們，都在人生的跑道上，衝刺各自的事業——但自己的，卻突然被硬生生的按下暫停鍵。

工作怎麼辦？能不能懷孕？要不要選擇義乳重建？

光是這些問題，包括經濟上的困境與療程上的抉擇，都足以讓病友們在確診初期，感到驚慌無措。

不要拿癌症來懲罰自己的生活

但米娜說當時的自己，其實沒有多餘的時間難過，因為實在有太多事情需要配合和安排。

除了配合醫生的治療指示外，擅長收集資料的她，還仔細研究乳房重建相關訊息、手術後副作用的復健方法，並且為治療後的懷孕計畫做事前準備。

米娜提到，乳癌手術後，因為會拿掉腋下的淋巴，經常導致患者的手臂浮腫而難以抬舉，造成生活變得不方便。

但有許多年長乳癌病友，卻不會積極復健。

「她們認為生病了，會有這些症狀是應該的。」

生病就該受懲罰的心態，讓米娜無法接受——她覺得即便生病了，還是應該要把生活品質，放在第一位。

不同世代病友的不同挑戰

在確診乳癌後這五年間，米娜發現，年輕的乳癌病友變得越來越多。和年長病友相比，年輕世代，會有截然不同的人生挑戰。

年輕病友會更加在意工作、生育與外在樣貌——有許多的延伸問題，都難以在年齡層較年長的社團裡得到解答，因為價值觀實在相差太多了。米娜希望能為此出一份力，幫助到更多年齡相仿的乳癌姊妹們。

2017 年，米娜成立了年輕乳癌社團：「花漾女孩 GO GO GO ★ BCa Young Women' Party」，是目前臺灣最大的年輕乳癌病友社群。

為年輕乳癌病友打造第二個家

米娜回想起社團剛成立，露出像是新店剛剛開幕的雀躍表情。

「當時只要在腫瘤科看到光頭、年輕的女性，我都會忍不住上前搭訕，問她們要不要加入我成立的年輕乳癌病友社團。」

米娜笑笑的說。

在社團裡，或許因為都是乳癌，也都是年輕女生，大家都聊得很開，版上也經常舉辦小聚，讓乳癌姊妹們互相認識、互相交流。

由於價值觀契合，許多版上的姊妹，後來都成為彼此的精神支柱，讓乳癌不再是一件那麼可怕的事情。

把生病當作生命的一部分

米娜如今也是台灣年輕病友社群：「我們都有病」的共同創辦人。

除了照顧乳癌病患外，她也漸漸把關懷範圍，更加擴展到不同的癌別、疾病與不同性別的人。

現在她主持癌友友善電臺：《牽手之聲》的節目，持續訪問癌症病友的故事之外，同時還是「我們都有病」每週故事專訪的專案管理人。

我們期待，米娜能繼續透過聲音、透過社群，為更多病友，傳遞他們動人的故事：）

謝謝米娜

成立了社團照顧那麼多病友姊妹

並讓更多人知道她們的故事

米娜的粉專：米娜哈哈記事本

文字：陳湘瑾 / 癌友有嘻哈 謝采倪
採訪：陳湘瑾
採訪協力：蔡孟儒 / 米娜哈哈記事本

幕後的藏鏡人

癌症陪伴者 Eric

> 他是 Eric，政治大學資管系。
> 從學生時期就嚮往創業的他，一直都在新創圈中打滾與學習。
> 但他從沒想過，畢業後的第一個創業題目，
> 竟然是經營一個剛起步的年輕病友社群：我們都有病。
> 他也沒想過，「身體健康」，
> 竟讓自己成為團隊裡的弱勢角色。

我不想當一顆空轉的螺絲釘

在全職加入病友社群團隊前，剛畢業的 Eric，其實有過一份待遇不錯的正職工作。但在試用期過後不久，面對每天處理不完的待辦事項、垂直溝通的困難與加不完的班—— Eric 開始對這份工作產生質疑。
「我每天就只像一顆空轉的螺絲釘——我感受不到任何意義與使命感，我只是用生命和時間去換錢而已。」
「這樣的人生，真的是我想要的嗎？」
Eric 不禁開始思考。

先填飽肚子還是先追求夢想

同一時間，Eric 收到了來自年輕病友社群：「我們都有病」的創業邀約——邀請他一起打造病友友善的社會企業。其實在剛畢業時，Eric 就曾經面對「先創業還是先就業」的二選一難題。
那時他的母親很認真的問他：
「你覺得先餵飽肚子重要，還是先追求夢想重要？」
「當時我沒什麼立場，所以選擇了先餵飽肚子。」
但是在職場上靈魂所感受到的飢餓，最後還是戰勝了先求溫飽的理性

選擇——Eric 決定辭職，全心全力投入病友社群，擔任團隊裡的營運長。

健康的弱勢族群

身體健康、沒有生病的他，之所以會選擇加入病友團隊，是因為他的夢想，就是結合自己的工作與理想，為社會帶來正向的改變。

但他從沒想過，「身體健康」，會讓他成為團隊裡的弱勢角色。

Eric 坦承，相較於其他三位創辦人都是癌症患者，自己身為「健康的人」，在做這個題目剛起步時，其實比較辛苦。無論是工作方式還是心理的建設上，都有一些檻必須跨過。

團隊幕後的藏鏡人

像是對病友社群的內部經營，他剛開始很難完全同理社團上病友的困境，給予適當的建議。另外，和外部單位開會時，話語權也比較低，因為廠商大多想聽「病友本人」講「病友需求」。

有時，有媒體要來採訪團隊，記者也經常只訪問三位病友創辦人，忽略他的存在、跳過他的採訪，因為 Eric 不是病友。沒有聲量也沒有鏡頭——有一陣子，Eric 會揶揄自己，是這個團隊的「幕後藏鏡人」。

團隊的成功就是我的成功

但談到這部分的「弱勢」，其實 Eric 並沒有很在意。因為這份工作，雖然收入現在只能勉強覆蓋房租和日常吃喝，可帶來的成就感卻是超過預期的。

他可以很明顯的感受到，團隊的影響力正在擴大。每一篇貼文，觸及

率都慢慢從千位數發展到萬人以上。也會有很多病友留言回饋：團隊發起的病友專訪和活動，都幫助他們能更勇敢的面對疾病與治療。

「對我而言，能幫助到更多病友，團隊就成功了——團隊的成功，就代表我的成功。」

「我現在對未來很有想像，因為我覺得這個題目，真的能夠影響社會！」

謝謝 Eric、也謝謝一直支持我們都有病的大家！

我有病我驕傲

我沒病挺有病

一起改變這個社會吧

任何人都不該只是一根小螺絲釘

找到自己能發光發熱的舞臺吧

文字：符煜君 / 癌友有嘻哈
採訪：符煜君
拍攝：符煜君
採訪協力：蔡孟儒 / 米娜哈哈記事本

街頭故事

癌症陪伴者 李白

> 他是李白，剛從雲科大畢業，
> 擔任似顏繪畫家已邁入第四年。
> 畫人像已超過一千人的他，
> 擺攤收費的方式很有趣──
> 分享開心的故事可以折抵 50 元；
> 悲傷的，則可以折 100 元。

收集一千個陌生人的故事

李白的攤位，有一個特色──除了畫似顏繪之外，李白還會邀請客人坐下來，請他們分享自己的故事。李白說，會這麼做的原因，是因為他想要練習當一位「有自信的傾聽者」。

就讀設計系的他，一直以來都對「說話」很沒自信。無論是溝通、一般聊天，還是課堂上介紹作品的設計理念，對他而言都非常困難。

四年前，李白思考著，既然自己不擅長發話，那何不練習傾聽呢？因此他設定了一個目標──他想要透過似顏繪擺攤，收集一千個陌生人的故事，一邊畫畫一邊練習如何能有自信地傾聽。

「做這件情，不是找同一個人聊一千次，而是找一千個人，然後各聊一次。」

開心故事折 50，悲傷折 100

作為分享故事的回饋，李白會給予客人似顏繪的折扣優惠：「開心的故事折 50 元，悲傷的故事可以折 100 元。」

「不知道大家是很想要打折，還是他們真的想要將這些故事說出來──擺攤以來，我收到難過的故事比快樂的還多。」李白笑著說。

也因為很多人分享的是難過的故事，李白畫筆下的人物，並非總是帶著燦爛的微笑，反而很多都是面無表情或是帶點憂鬱的。

「我想要記錄客人平常的樣子，我會畫下他們跟我分享故事時的模樣，而不是看著照相機時所擺出的笑容。」

與病友的邂逅

在達到一千人的目標後，李白便開始更有計畫地從事似顏繪的工作，他為自己建立了品牌，叫做「街頭故事」。

持續畫似顏繪的李白，聽了數不盡的故事，有的人堅持夢想，有的人失戀，有人的老闆在辦公室偷養小三，有的人則是年紀輕輕就罹患癌症了。

李白說自己在接觸病友社群前，幾乎沒有遇過病友客人。在因緣際會下，李白收到來自年輕病友社群：「我們都有病」的邀請，請他來主持一個病友限定的活動：「有病插畫小聚」。

有病插畫小聚上，幾位病友們會集聚一堂，分享彼此的故事。李白會坐在一旁，時而安靜的聆聽，時而溫柔地引導大家開口，活動結束後，每位病友都會拿到一張專屬的「有病畫像」。

建立讓病友自在分享的環境

奇妙的事情是，在有病小聚之後，就有越來越多人會主動跟他分享自己生病的故事。

「一開始我會擔心自己經歷太淺，沒辦法應付病友。」
李白坦承。

然而幾場小聚辦下來之後，李白發現，病友們透過分享故事，在釋放完情緒之後，都會向他表示有被療癒的感覺。這才讓他理解，其實自

己並不用成為解決病友問題的人──他更重要的任務，是創造讓病友能夠自在分享的環境。

讓病友願意說出來，就足夠了。

聆聽的力量

現在的李白，是病友社群：「我們都有病」的常駐合作插畫家。

他定期在社團裡，自主發起一場又一場病友插畫小聚，療癒一個又一個病友的心。我們認為，李白無疑已經是一位「有自信的傾聽者」了，而且還是一位有肌肉、有身材的暖男無誤。

想看李白的更多作品或活動

歡迎追蹤他的粉專：街頭故事

文字：陳湘瑾 / 癌友有嘻哈
採訪：陳湘瑾
採訪協力：蔡孟儒 / 米娜哈哈記事本

病友視角：癌症

追求夢想的過程，你願意付出多少

眼癌 Joseph

> 他是 Joseph，今年 39 歲，
> 是一間室內設計公司、AI 科技公司、咖啡館和酒吧的老闆。
> 年紀輕輕就事業有成，令許多人稱羨。
> 然而，這些成就卻讓 Joseph 出了「視眼」作為代價
> ——2018 年，他確診出了眼癌。

從生化博士到室內設計師

Joseph 創業的故事，要從他在陽明大學攻讀生化博士說起。

他說他幾乎把 30 歲以前的青春歲月，都奉獻給了中研院的實驗室。

看似穩定，但日復一日單調的枯燥生活，卻不斷消磨著 Joseph 對生活的熱忱。多重考量下，他決定離開耕耘多年的生化領域——投入他從大學一直以來的興趣：室內設計領域。

追求夢想的過程，你願意付出多少

30 歲，才轉職做室內設計師。Joseph 說，創業起步的過程，真的十分辛苦。

由於經驗還不夠成熟，人脈也不足以提供他穩定的收入來源——當時他只能積極地把握每項得來不易的工作機會，每個案子都親力親為、追求完美。

2017 年，他的眼睛開始時不時的出現火光。但正值事業的快速成長期，也抽不出時間去好好檢查。直到了 2018 年，過年時間好不容易可以停下來休息，Joseph 才意識到，他的右眼有一半都模糊了。

眼癌的確診

在北榮做完檢查後，Joseph 被確診出得了眼癌。

醫生告訴他右眼的模糊，是因為 Joseph 的視神經盤上，長了「脈絡膜黑色素瘤」。

長期生活一直那麼高壓，Joseph 其實一直都有心理準備：「有一天身體一定會出狀況的。」——但沒想到，這一天來得這麼快。

生病後仍寄情於事業

許多人在生了重病後，都會選擇好好休息、追求快樂、完成人生夢想清單，但 Joseph 卻始終無法停下工作。大病初癒後，他又陸續開了一間咖啡廳跟一間 AI 科技公司。咖啡廳的設計跟裝潢，都由他親自操刀。

「為什麼都生病了？還要一直這樣工作？難道就不能好好休息嗎？」Joseph 的選擇，其實讓周遭許多人不解。

但他說自己最大的夢想，就是打造出一個自己的商業帝國。他質疑，為什麼因為自己的「夢想清單」，和別人想的不一樣，就必須要被別人評斷選擇的對與錯呢？

懂自己的伴侶，把病人當作一般人相處

幸運地，Joseph 在生病後，遇到了從來不把他當作病人看待的那個她。她分享：「最好的陪伴，就是讓 Joseph『做自己』。」

他想工作，她就陪著一起去工地、去拜訪客戶。他工作太晚，她就會提議「我們去床上玩手機好不好」，而不是斥責他「都生病了還不早點睡」。

她的智慧，讓 Joseph 不會感到被過度的關心與保護。在兩人的相處中，Joseph 可以繼續做 Joseph，而不是一位「眼癌患者」。

生病對工作心態的轉變

在生了大病後，Joseph 雖然仍執著於創業與工作，但心態上還是有許多轉變。從前他追求完美，很多事情都親力親為。現在，他也開始學會放手，把身上的重擔，分擔給事業上信任的夥伴——讓專業經理人代替他去協助公司的運作。

生化背景的他，其實也研究了很多關於眼癌的文獻，因此對於自己未來的健康狀況，他心中有著一把尺。

「我希望能在我還行的時候，賺足夠多的錢，保護我愛的人。」Joseph 堅定地說。

在生病後，支撐 Joseph 創造事業帝國的，或許不再只有快樂與成就感，還有他對「愛」的責任感。

\# 祝福 Joseph 一直健健康康

\# 並且能持續追求自己真正快樂的事

\# 不把病人當病人看待

\# 就是最貼心也最有同理心的陪伴方式

文字：劉桓睿 / 癌友有嘻哈 謝采倪
採訪：劉桓睿
採訪協力：蔡孟儒 / 米娜哈哈記事本

不要把自己當成病人

淋巴癌 Melissa

> 她是 Melissa，個性陽光的櫃姐。
>
> 專櫃最怕的就是同事內鬥、互搶業績。
>
> 但她始終保有自己的態度，鮮少捲入鬥爭中。
>
> 直到那年健檢照 X 光，拍出胸腔 10 多公分的腫瘤，
>
> 經切片後確診為淋巴癌──
>
> 即便再陽光的她，也有不得不面對的陰影。

美國旅遊行變為治療之旅

罹癌那年，Melissa 才 27 歲。

她一向鮮少感冒生病，從沒想過這一病，就拿到了重大傷病卡。和男友計畫許久的美國行，也只好無奈取消機票和飯店，變成住院治療。

醫師開出 12 次化療加上 20 次放療的治療規劃，令 Melissa 崩潰大哭。她難過，因為要面對化療後的掉髮和光頭；她傷心，因為不知未來是否還能生育。

由於腫瘤在短期內急速成長，為了盡快開始療程，Melissa 沒能有更多時間考慮凍卵。

患難見真情的治療之旅

療程中，因為腫瘤位置在胸前，讓 Melissa 每一次呼吸，都會伴隨著痛苦──每天好好睡覺，都變成很奢侈的事。

雖然過程辛苦，卻讓她在患難中，意外感受到滿滿的愛和溫暖。當她體力好時，親友總會輪流帶她去山上或海邊放風走走，讓她適時脫離「生病的情境」。

化療後開始大量掉髮後，Melissa 的男友也總是幫她整理落下的髮絲，

並藏起來不讓她看到，以免她傷心。她的同事還寫了卡片和送上了不少物資，像是維他命、按摩梳等等，說是之後可以幫助頭髮的生長。
「因為生病，反而和家人、朋友、同事的關係，變得更緊密了。」
Melissa 這麼說著時，語氣間充滿溫柔。

為自己設定目標熬過治療

Melissa 說治療過程中，她需要的其實很簡單，就是「陪伴」，想要有人一起講話聊天，有人一起出去玩。面對一個生重病的人──安慰無用，陪伴有用。
另外，爸爸也建議她，可以設立目標幫助自己熬過漫長的治療。於是在化療期間，她把握時間，考到了汽車駕照，買了夢想中的樂高玩具，還為自己規劃一場生日旅行，打算治療結束後就出發。
這些過程，都讓 Melissa 覺得：「生病，其實得到的比失去還多。」

生病也可以有生病才懂的樂趣

「我發現，不要把自己當成是病人，別人就不會把你當病人。」
Melissa 說治療過後，她曾一度全身水腫，肚子也變大。有時候，穿緊身一點的裙子，經常會被誤以為是懷孕，搭乘捷運、公車，也經常遇到有人讓座給她。
她笑說，有時她會和家人開玩笑，問說覺得她的肚子，
「現在有幾個月大了？」
Melissa 幽默面對疾病的態度，讓生病的這件事，沐浴上溫暖的陽光，變得不再那麼可怕。

生命再出發

罹癌，對 Melissa 而言有點不幸，但又有點幸運。

像是無形的禮物和經驗——讓她比起從前，多了更多的同理心，也更加了解自己。

重新回到工作崗位的 Melissa，不再當個加班王。以前，她會想要征服壓力；重生後，她試著放下，學著接受、放慢步調。現在的她，立志當個「YOLO」族，只想及時行樂，把時間留給自己和重要的人就好：）

小知識分享

什麼是 YOLO 族

是「You Only Live Once」的首字母縮略詞——即人生應該享受，畢竟只有一次，是一種及時行樂的生活態度。

大家一起及時行樂

享受精采人生吧

文字：謝旭如 / 癌友有嘻哈 謝采倪
採訪：謝旭如
採訪協力：蔡孟儒 / 米娜哈哈記事本

沒有晴天霹靂，哪來的鋼鐵勇氣

乳癌 鋼鐵晴

> 她是鋼鐵晴，人稱晴哥，
> 曾夢想成為一位全職媽媽，
> 但天不從人願——
> 短短幾年內，她就經歷了早產、腦瘤、乳癌、婚變等一連串生活災難，
> 她的故事充滿刻苦，
> 但晴哥卻活得比誰都像個「人生勝利組」。

接踵而至的乳癌，媽媽妳是全天下最美的光頭

2015 年，在女兒 1 歲多時，晴哥發現她會經常「頭痛、耳鳴、腳麻」。本以為是因為高壓的育兒生活疲憊造成的不適，去醫院檢查後，竟在腦中發現 7X7 公分的腫瘤，診斷後決定進行「開顱手術」。事隔一年，漸漸從手術中復原體力的晴哥，竟然又被檢測出乳癌。有過醫病經驗的她，本以為會跟第一次治療一樣，手術成功、等待復原，就結束了。沒想到，在第一次打完化療後，晴哥身體產生非常強烈的排斥——全身痙攣，甚至顏面神經失調。

「那陣子真的長得很像佛地魔，我全身的毛都掉光了，包括我的眉毛、頭髮。我那麼注重打扮，當時真的天天都覺得非常沮喪、難過，而且副作用又很嚴重。」

強烈化療副作用帶來的不適，晴哥坦承，她也曾想過要放棄治療。直到有一天寶貝女兒對著她說：

「媽媽，就算妳是光頭，妳也是全天下最美的光頭。」

女兒的一句話，喚醒了晴哥的母性本能——她當下覺得自己必須要學會更加堅強、更加獨立。

「為了陪女兒更久，我一定要撐下去。」

罹癌後乳房重建——她成了一名超模辣媽

在女兒的陪伴和鼓勵下，晴哥順利熬過所有療程。但治療結束後，卻又出現了一項新的選擇題——是否要進行乳房重建？

許多乳癌治療的過程中，必須切除乳房。因此在痊癒以後，乳房重建與否，會是許多乳癌病患共同的疑問。晴哥當時在一些乳癌病友社群爬文，想聽聽前輩們的意見。但她發現，每當年輕乳癌病友詢問起重建乳房的話題時，得到的經常不是建議，而是譴責。

許多年紀較長的病友會說：

「我最討厭有人和我提乳房重建。」

「幹嘛這麼膚淺？妳是要命還是要奶？」

「如果另一半因為妳沒有乳房而不愛妳，那分手也罷！」

等各種負面回饋。

由於從小就曾因為胸部被嘲笑過，晴哥最後還是選擇重建。

在重建後，有次晴哥在粉專上分享她的比基尼照，大秀罩杯升級後的「新身材」，竟意外引起媒體關注。除了被三立邀請穿著比基尼進行專訪外，又陸陸續續有七、八間媒體競相採訪她的故事。

抗癌超模與抗癌勵志作家的誕生

比基尼一照，讓晴哥的故事被大肆曝光，從此她在病友圈中多了一個封號：「抗癌超模」。

如果到晴哥的粉專「鋼鐵晴 / 抗癌小跪婦」逛逛，一定會看到許多養眼美麗的比基尼照和生活照。她常常會和大家開玩笑說：

「她的自信，來自於乳房重建後的這兩粒。」

這兩粒，得來不易，建立在高昂的重建手術費和病友的眼光與社會壓力之上。但也因為晴哥當初勇敢做出會讓自己快樂的選擇，她最終鼓

舞了許多年輕乳癌病患決定重建，她的故事也為許多病友癌友帶來勇氣與力量。

最近，她還多了一個新的斜槓身分：「抗癌勵志作家」，新書名字叫做《沒有晴天霹靂，哪來的鋼鐵勇氣》。

不再只是個守在家中凡事靠別人的太太

說到晴天霹靂，我們不禁想和她聊聊婚變一事，晴哥對此，並沒有著墨太多。但她說，在經歷了那麼多事情之後，她意識到：過去那個夢想是當家庭主婦的她，似乎犧牲了自己的全部，在為了別人而活，不論是在感情上、家庭上，還是女兒。

「有一天，我希望能完成女兒從小的願望：出國看雪。」

「而且，是靠著我自己的力量。」

聽著她溫柔卻堅定的語氣，我們知道，她不再是那位每天守在家中、凡事靠別人的太太了，她已經是一位，能堅強走過重大苦難的「人生勝利組」。

就讓我們對這位美麗又勇敢的女性，說一聲：「哥！妳超帥。」

自己的勝利

由我們自己來定義

晴哥的粉專：鋼鐵晴 / 抗癌小跪婦

文字：劉桓睿 / 癌友有嘻哈 謝采倪
採訪：米娜哈哈記事本 / 劉桓睿
採訪協力：蔡孟儒 / 米娜哈哈記事本

想做的事，現在就去做

乳癌 凱西

> 她是凱西，
> 曾是一名室內設計師，標準工作狂，
> 在多年後不安於室，轉換跑道做了行銷。
> 乳癌，卻突然拜訪她日益穩定的人生──
> 她說在這個過程中，她經歷的不是恐懼，
> 反而是重拾自己遺忘許久的笑容。

助人為樂的生活型態

凱西從小開始，就有「助人為樂」的精神。

在年滿 18 歲後，她便持續捐血超過十年，沒有間斷，而且還推坑後來的男友，也就是現在的老公，一起加入定期捐血的行列。穿不到的衣服、內衣、鞋子，她也總能找到相對應的機構進行捐贈，幫助更多需要的人。

凱西說，前一陣子她才一口氣剪掉留好久的長髮，大概三十公分，捐給癌症相關的基金會，但想不到沒多久後⋯⋯她自己就確診乳癌了。

在不幸的事件後找回自己的笑容

她說她比許多癌友更幸運，她是乳癌一期，而且因為有定期健檢，所以發現得很早──醫生評估後說她不需要化療，僅需手術、放療和搭配荷爾蒙療法即可。

另一件幸運的事情是，養病的期間，她也沒有像許多病友一樣陷入低潮，她反而快樂得不得了。

原本她的生活，每週一到五、每天至少要工作 12 個小時，假日也經常要往返工地監工加班──生活簡直就像 7-11 便利商店一樣，要十

項全能，還要全年無休，幾乎沒有屬於自己的時間。

「當時，工作的壓力加上忙碌的生活，周遭的人常常都覺得我繃著臉，看起來很不快樂，雖然我自己本人沒有自覺。」

「但我好像也漸漸忘記自己，原來曾經是一位那麼愛笑的人。」

打發養病時光的充實清單

開始養病後，凱西反而多了很多屬於自己的時間可以運用。

因為感受過生命的無常，她決定為自己列一份願望清單。清單上寫的，都是以前想做，卻一直還沒做的事情。她開始學習活在當下──

「想做的事，不必再等待，現在就去做。」

「我從保險理賠金中，捐了一小筆錢給培育導盲犬的機構，但其實我是非常怕狗的。」

「我去了從國中以來，就一直很想去的埃及。」

她說在身體穩定後，她有回去原本留職停薪的單位上班，同事也很體貼她，替她分擔許多工作。但辦公室的工作型態，在體驗過養病期間的自由奔放後，她每天都過得很有壓力、很不快樂──沒多久後，她就鼓起勇氣，提了辭呈，重回從前能掌握自己每分每秒的生活型態。

選擇自己喜愛的生活型態

現在的她，是一位遠端自由工作者，接了便當和醬油的行銷工作。薪資當然還暫時無法像以往全職工作那樣穩定，但她卻多了很多自己的時間，可以做非常多自己想做的事情。

例如養成每天運動的習慣、經常參加讀書會認識許多有趣的新朋友等等。她的下一個願望清單，如果接下來的治療計畫允許的話，她還希望能挑戰騎腳踏車環島一圈。

她說自己現在正過著前所未有快樂的日子。

雖然我們只透過通訊軟體訪問凱西，但聽著她的語氣、她的笑聲——

我彷彿可以想像凱西在電話的那一頭，一邊微笑，眼睛瞇成一條線的樣子。

病後發展出的新興趣
竟然是騎重機
真的是太酷了！

文字：癌友有嘻哈 謝采倪

採訪：米娜哈哈記事本 / 癌友有嘻哈 謝采倪

採訪協力：蔡孟儒 / 米娜哈哈記事本

愛是對家人說身後事

乳癌 小倩

> 她是小倩，曾是不婚主義者，
> 直到遇到了臉很臭但很合拍的另一半。
> 互許終身後，一起經歷了試管嬰兒、減胎種種挑戰，
> 終於誕下了一對可愛的雙胞胎女兒。
> 乳癌，卻忽然闖進了他們的家庭生活，
> 從此開啟全家共同抗癌的序曲。

曾經對家人說不出口的罹癌

有乳癌家族史的小倩，高中起就持續追蹤乳房的纖維囊腫，一直相安無事，生完小孩後纖維瘤還縮小。沒想到隔年繼續追蹤，卻檢查出乳癌三期。第一時間，除了老公之外，小倩選擇對家人隱瞞，只說是纖維瘤要開刀，直到乳房切除手術後，小倩才和媽媽坦承罹癌一事。

媽媽很樂觀，告訴她要勇敢接受治療——奶奶之前也是乳癌，妥善醫治後，現在都過得很好。小倩不禁想到了自己年紀還小的寶貝女兒，便下定決心，要趕快治療趕緊痊癒，她還想帶著小孩去上課呢！

罹癌後，臭臉老公晉升成頂級貼心男人

治療期間，小倩因為手術後要預防淋巴水腫，必須避免提重物，包括抱小孩，老公便一手扛起全家大大小小的家務。時常在夜裡，小孩要換尿布，都由老公一個人包辦，一次一打二。

5 歲的雙胞胎，有時討媽媽抱不成而哭鬧，讓小倩忍不住冒火，老公都會擔任滅火大隊，協調安撫好家裡三位大小情人的情緒。

小倩說老公變得越來越貼心，但老公卻說：

「小倩的脾氣，變得越來越差了。」

復發轉四期的打擊

治療後，小倩格外注意身體健康，除了飲食上儘量少油少鹽、早睡不熬夜、規律運動外，她還開始改用天然手工皂。

兩年後某日，小倩的腳不舒服，以為是有氧運動時造成肌肉拉傷，去檢查後才發現，是乳癌轉移。醫師明確告知小倩，癌細胞轉移到了髖關節，屬於四期——治療，是為了延長生命。

「復發的當下很崩潰，不想治療。」

「但看報告時，想著既然已經發生，還是要面對。」

愛是對家人說身後事

面對這樣的劇變，小倩不禁開始思考起自己的身後事。

她曾和老公說：

「謝謝老公一路陪伴著我，我也想和你一起健健康康的走一輩子。」

「我很喜歡看海，如果哪天我先走了，請將我的骨灰撒在海上。」

小倩唯獨不敢和媽媽交代後事，因為覺得很不孝，畢竟她自己也是一位母親，可以明白為人母的心情。其實她也不知道還可以陪伴女兒們多久，小倩只希望兩個寶貝們可以健康平安、快樂長大就好。

維持好的生活品質，做會讓自己快樂的事情

樂觀的小倩沒有沮喪很久，她希望能把握每一刻，做些讓自己開心的事。原本只是出於興趣，報名了幾堂手作課程——後來竟意外栽入手工皂的天地，甚至還學會了自己做護唇膏、乳液、化妝水。

小倩目前正在申請新藥實驗，嘗試不同的治療方式，她期待新的藥物，能夠維持她的生活品質。

她的願望，就是能夠繼續做著手工皂，有最貼心的老公和可愛的雙胞胎女兒陪伴在自己左右，經常去她最愛的海邊，一起散散步。

文字：謝旭如 / 癌友有嘻哈 謝采倪
採訪：謝旭如
採訪協力：蔡孟儒 / 米娜哈哈記事本

我是一位少奶奶

乳癌 銨銨

"
她是銨銨，
是一位工程師、二寶媽媽、巧媳婦、好老婆。
她稱職扮演每個斜槓，
儘管忙碌，生活倒也過得充實快樂。
直到中了健保大樂透──乳癌，
從此打亂她的人生。
"

三千分之一的幸運兒，乳癌另類三高

小女兒才三個月大，還在哺乳期，銨銨被醫師診斷出罹患乳癌中較罕見的「三陰性乳癌」。

臺灣慢性病有三高：高血壓、高血糖、高血脂；三陰性乳癌也有三高：高復發、高轉移、高死亡。

面對另類三高，銨銨當下的心情不是恐懼，而是更實際的問題：房貸怎麼辦？工作怎麼辦？孩子們怎麼辦？

工作家庭抗癌三者兼顧

為了還房貸，收入不能斷。因此銨銨和老闆溝通，調整了原本工作的內容，讓她能夠定期回診做治療，也能在體力負荷的範圍內，繼續上班保有收入來源。

頑強的三陰性，讓化療藥量調到最高，副作用讓治療過程沉重又吃力，脫髮、嘔吐、腹瀉、口腔黏膜破樣樣來。但她不捨老公獨自負擔家庭經濟壓力，也不希望孩子小小年紀就沒有媽媽──因此銨銨的目標很明確：「我要戰勝乳癌！」

三明治夾心癌友的絕望

來自工作、家庭、治療的三面夾擊，也曾讓銨銨感到身心俱疲。除了下班要接小孩回家，到家後繼續做家事外，還要承受化療副作用帶來的諸多不適。每天總要等到女兒們入睡後，銨銨才有空應付「發生在自己身上的真實」。

第三次化療後，腫瘤卻完全沒有縮小。銨銨感到絕望，不知道自己還可以撐多久，但她想起了確診的那天，老公含淚問她：

「明年的今天，妳還會陪在我身邊嗎？」

孩子的爸我要活下去

想起了老公說的話，也想到年紀還小的女兒們，她決定做點什麼，至少留下一些文字給家人也好。

於是她開始寫部落格、成立粉專「孩子的爸，我要活下去」，用有趣輕鬆的文字，記錄辛苦的治療過程。（現在粉專更名為：「我是一位少奶奶」）

她的故事，間接鼓勵了許多病友癌友，寫著寫著，還在後續出了一本書，叫做《我是一位「少」奶奶：戰勝乳癌求生記》。

或許銨銨自己也從來沒想過，罹癌的自己，竟然會在日後成為一名抗癌勵志作家。

學會放手，當有溫度的人

治療結束後，因為常常需要請假回診，職場無法友善完全包容，銨銨只能放棄升遷職位和高薪待遇，選擇成為時間彈性、收入不穩定的自由業。

家人和朋友不一定能理解，有時會覺得：「妳怎會淪落至此？」

但銨銨清楚知道，她是在投資自己。

「當生命中沒有時程表，學會放手，學會自己沒辦法完全掌控人生，

反而體會到更多生活的溫暖和感動。」

「既然不知道還有多少日子，何不就開心度過每一天呢？」

生命中沒有最好，只有最適合自己的選擇。

祝福大家，都能像銨銨一樣，成為自己生命中的快樂創業家！

銨銨的粉專：我是一位少奶奶

文字：謝旭如 / 癌友有嘻哈 謝采倪

採訪：謝旭如

採訪協力：蔡孟儒 / 米娜哈哈記事本

成為能對世界做出一點改變的人

胰臟癌 Kevin

他是 Kevin，

今年 34 歲，是一位竹科工程師。

三年前，他的工作升遷，即將被派駐到美國，

困擾他一年的胃痛卻在這時爆發。

檢查後，醫生告訴 Kevin，這不是單純的胃潰瘍，

而是胰臟癌末期，並且已經擴散到肝臟。

癌中之王

胰臟癌一般好發於中老年人，初期幾乎沒有症狀。因此往往檢查出來都已經是末期，無法進行手術治療，這導致胰臟癌死亡率居高不下。Kevin 說自己過去一年經常會胃痛，但去醫院檢查照胃鏡，醫生都只說是輕微胃潰瘍而已，想不到再次切片檢查，竟然就是胰臟癌末期。

被帶走的理想生活

「『蹦！』的一聲，所有的一切都被打包帶走了。」

Kevin 在自己的部落格寫道。

到美國的計畫和工程師的工作，都因為化療必須擱置取消。

「為什麼是我？」—— Kevin 說第一時間的想法，就跟許多癌友一樣。他平常三餐都自己煮，也有定期運動的好習慣，為什麼自己會生病？

從桃園搬回彰化老家養病後，他瘋狂的在網路上搜尋相關資訊。胰臟癌號稱「癌中之王」，致死率高，Kevin 不禁與家人一起抱頭痛哭。

病後的心理重建

原本每天充實的生活，忽然被按下了暫停鍵。

提到在治療初期，Kevin 說自己心中充滿了不安與惶恐。

「當時我都待在家不出門，每天幾乎都在放空，覺得自己都在耍廢，浪費自己的人生。」

後來，在心理師的建議下，Kevin 開始在部落格記錄自己的治療過程：包括心情上的變化、用藥的調整、身體的反應等等。

「一名胰臟癌末期患者，在確診後直到臨終前的心路歷程記錄……」

Kevin 在文章裡寫下這段文字標題，他打算到離開這個世界以前，都持續筆耕，記錄剩下的點滴。

幫助更多病友

寫著寫著，Kevin 時至今日，已經活超過胰臟癌患者的平均存活期，回頭想想，他認為自己真的是相當幸運。Kevin 說由於胰臟癌的致死率極高，因此許多人在得知確診後，都會選擇直接放棄治療。

有一位住在彰化伸港的阿嬤，同樣也得到胰臟癌，家人無論如何勸告，她都不願意服用藥物。她的女兒透過部落格找到 Kevin，實際見面聊天後，伸港阿嬤改變了原本放棄的想法，決定配合治療。

「我希望可以藉由自己的故事，鼓舞其他胰臟癌病友，創造不同的生命可能。」

Kevin 堅定地說。

成為能對世界做出一點改變的人

從單純的記錄心路歷程，到建立與病友之間的連結，Kevin 從筆耕中，找到自己真正存在的意義。將近三年半的治療，Kevin 現在的身體幾乎跟正常人一樣，但他仍會不時更新部落格，寫下近況。同時，他也鼓勵身邊生病的朋友，可以試著記錄自己的醫病歷程。

他引用了作家九把刀的一句話：

「我要成為能對世界做出一點改變的人。」

即使自己所帶來的改變，僅僅是一點點而已，Kevin 說，那也就足夠了：）

謝謝 Kevin 挺有病
我有病我驕傲
我沒病挺有病
我們都有病

文字：陳湘瑾 / 癌友有嘻哈
採訪：陳湘瑾
採訪協力：蔡孟儒 / 米娜哈哈記事本

跑出屬於自己的精采

骨癌 白白

"
她是白白，22 歲，臺北人，文化大學俄文系。
平時熱愛運動與長跑。
她自稱「鋼鐵妹」──這個稱號，
來自於 19 歲那年，被確診出骨癌後，
她身上 100 多公分的手術疤，
和體內 10 多根鋼釘的「戰果」。
"

用長跑探索未知的快樂

白白從國小開始，就經常和父母練習越野長跑，從最初的四公里，慢慢一路增加到十公里。

相較於平路，白白更喜歡跑山路。她解釋，因為山路會有高低起伏，山路帶來的探索感和驚喜感，是城市間的道路無法比擬的。

不只是運動傷害

白白在高中時，曾前往美國的學校，交換學習一年。喜愛運動的她，參加了學校的足球隊。

在一場比賽中，因為攻防的絆倒動作，白白朝著右前方跌倒在草地上，瞬間巨痛襲來。醫護人員檢查後，包括白白自己，都覺得是運動傷害，但是痛感卻久久沒有消失。

「好一陣子，我走路咳嗽，整個背和脊椎都痛到不行，只能彎著腰走路。」

「我嘗試過西醫中醫，止痛針和針灸，卻依舊沒有好轉。」

骨癌的發現

就這樣拖了近半年，白白和家人才去醫院，先後做了 X 光和核磁共振。照完後，發現竟然有 8 公分的腫瘤，長在髖關節那。

檢查後，診斷為「伊文氏肉瘤」。伊文氏肉瘤和骨肉癌同屬於骨癌，是一種罕見疾病，在臺灣的發生率為每年每 10 萬人口中 0.1 人。

聽到這個消息，白白當下直接崩潰大哭。

「這到底是在演哪一齣？」

疾病過程的身心理壓力

白白的療程格外辛苦──保守估計，總共要做 17 次化療、25 次電療，動手術開刀。結束後，還會在身上留下 100 多公分的手術疤痕。

剛開始她非常不能接受，經常不停問自己：「為什麼是我？」

「為什麼要讓才 19 歲的我，來承受這些？」

有時候，旁觀者還會胡亂為她的病情下結論：

「妳就是缺少運動，才會這樣啦！」

對熱愛運動的白白而言，這樣的評斷，著實冤枉。病人的辛苦，有時除了來自生理上的不適之外，還會來自於周遭無知之人的不是呢！

慢慢撐下去

雖然起步很辛苦，但白白也開始嘗試走出她的心情低谷。她提到之前有時跑馬拉松，如果跑不下去的時候，她都會看著自己的 GPS 手錶，告訴自己：「剩下 8 公里、剩下 5 公里……只剩 3 公里了！」

面對療程，當身心理支撐不住時，她也嘗試用「跑馬拉松」的方式去看待。每次一個療程結束，她都會告訴自己：

「就快要結束了，慢慢撐下去，會成功的！」

回歸校園，傲骨不停

完成治療後的白白，由於手術的關係，現在其實連走路都會有些吃力，短期內，可能都不太能再跑馬拉松。但她說，她還是經常會去馬拉松的現場擔任志工──並沒有因為「行動」上不方便，興趣就被限制住了。如今白白已經重返大學，現在就讀文化大學俄文系。

她開玩笑的說，可能是因為藥物副作用導致的「化療腦」，現在她背俄文單字，都背得滿吃力的。但其實我們都明白，最吃力的那些苦難，都已經走過了：）

我們一起祝福白白，在這條自己的人生馬拉松上，她可以跑得盡興，跑出屬於自己的精采！

有沒有化療腦我是不知道啦

但就算沒打過化療

俄文單字應該很多人都背不起來吧

哈哈哈哈哈

正常腦輸給化療腦

文字：符煜君 / 癌友有嘻哈 謝采倪
採訪：符煜君
拍攝：符煜君
採訪協力：蔡孟儒 / 米娜哈哈記事本

不用急，慢慢來

骨肉癌 阿布

> 阿布，一位才華洋溢的插畫家，
> 喜愛繪畫的她，用色明亮又溫暖。
> 年紀輕輕，就出過書、辦過個展——
> 一張張畫作的積累，來自那一年，
> 被診斷五年內只有 8%存活率的大三暑假。

不僅僅是肌肉發炎——骨肉癌的發現

阿布大學時，在花蓮就讀。大三期間，她搬到了位於山區的校本部附近，那時，她的膝蓋常常會痛，當下覺得，或許只是爬坡導致肌肉發炎吧。半年以後，漸漸加劇的痛感，讓阿布再也無法忽視，當時她經常痛到半夜睡不著，有時甚至沒辦法起床上課。

後來阿布回到家鄉的醫院，再次做了檢查。醫生告訴她：「是骨肉癌，位置在骨盆。五年內，可能只有 8%的存活率。」

骨肉癌的生心理負擔

骨肉癌，有別於其他癌症治療的痛楚是：患者經常需要承受可能會失去四肢的心理負擔。

阿布癌變的位置，雖然不需要截肢，是不幸中的大幸，但骨盆動過手術後，會造成長短腳——術後行走需要一直倚靠拐杖。對一個年紀輕輕、正值青春的少女而言，這依舊是一個很沉重的打擊。

讓自己變好，要有目標和獎勵

結束化療後，馬上就需要進行復健。和許多患者一樣，阿布也有過非常消極的時間。

「我花了 21 年，習慣用雙腿走路這件事情。當下，我覺得我應該也需要花一樣久的時間，去習慣倚靠拐杖走路這件事。」

復健過程非常辛苦，她曾經掙扎：

「反正我的人生就是這個樣子了，我幹嘛要這麼認真？」

後來，低潮中的阿布，在病房接觸到了「Lovelife」公益組織，也是那時候，遇見了黑人哥（陳建州）。黑人哥承諾阿布，等她復健好一點後，就帶她去看現場籃球賽。或許是因為有了明確的目標，和達成目標後的獎勵，阿布重拾了毅力，開始每天更加積極的復健。

生病了還是可以做自己喜歡的事情

2015 年，阿布坐在輪椅上，如願到了籃球賽現場。她回憶當時的心情，看到了自己很喜歡的籃球員陳信安，就在現場，她有一種夢想成真的感覺。

「原來即便我生病了，還是可以做自己喜歡的事情！」

有了目標、有了夢想，讓阿布的療程，雖然辛苦，心情卻越來越好。當時的阿布，還有另外一個夢想，就是辦一場個人插畫展。

「因為要辦展，就一定要有體力畫畫，所以我會更努力，想辦法讓自己好起來。」

心理接受，比身體接受更重要

後來以抗癌插畫家身分出道的阿布，出了書，開了粉專「阿布布思義 / 阿布」，到處演講外，還經常在回診時，到九三病房裡開導不想復健、灰心喪氣的孩子們。

護理師常常舉阿布的例子給孩子聽，說她當時的狀況那麼糟，現在還是可以過得這麼好，大家只要肯努力，一定也可以比阿布更好。可是

對於走過漫長治療旅程的阿布看來，她覺得，那些孩子最需要被照顧的其實是心理，反而不是身體。

「我會和家屬說，要慢慢來，讓孩子先去適應身體和生活的改變，因為孩子還在努力的接受它。」

不用急，慢慢來

阿布的第二個願望：第一場個人作品展──最後如願在 2017 年達成了。展覽在中正紀念堂舉辦，展出了她 200 多幅的作品，這些作品，一共花了她整整三年的時間。

阿布也用了整整三年的時間，努力養好身體、讓自己能持續創作，達成了她當初設定的目標。古人總是說「好事多磨」，一件有意義的好事，總是需要花時間慢慢積累而成的。不管那件好事是目標、是夢想、還是走出自己病後的難過與憂慮，阿布都只有一個建議：

「不用急，慢慢來。」

大家也為自己訂定一個今年要達成的目標吧
完成目標後的獎勵又是什麼呢
記得也要想喲
阿布的粉專：阿布布思義 / 阿布

文字：符煜君 / 癌友有嘻哈 謝采倪
採訪：符煜君
採訪協力：蔡孟儒 / 米娜哈哈記事本

學會説再見

肝癌 Kate

> 她是 Kate，今年 39 歲，
> 在瑜伽公司擔任課程規劃。
> 2016 年，她被確診罹患肝癌。
> 對許多人來說，癌症是生命中突如其來的轉變——
> 但對 Kate 而言，癌症與死亡，卻是她的日常。
> 從小到大，一路伴隨著她成長。

第一次接觸死亡

「我的家族，讓我很早就接觸過死亡。」
Kate 的爸爸在她 3 歲時，就因為肝癌過世。
她記得大人們總會對她說：「可憐的孩子，沒有老爸。」
國小時，不到 1 歲的堂妹也因血癌過世。當時 Kate 還小，也不大清楚發生了什麼事。但看著大人難過，她也開始學著難過。
「我在堂妹的告別式說：妳要再回來當我妹妹喔！」
那是她在電視裡，看到別人這麼說過的。

我的家族很擔心離別

高中到大學那幾年，Kate 的家族，開始以每年一個人的速度，一個接一個生病了。
「大嬸胃癌、大姑丈鼻咽癌、大叔糖尿病、小嬸乳癌，還有小姑丈高血壓、表弟馬凡氏症等等。」她細數，清單似乎沒有盡頭。
「我後來才知道，我媽媽那幾年很害怕，因為家族裡的女婿、媳婦們都輪完了，只剩下她。」
Kate 的媽媽終究沒能躲過，在 2008 那年，被確診為肺癌末期。

媽媽教會我的事情

「我跟媽媽以前的關係並不好，她是鄉下大家族的長媳，小時候她會把壓力轉嫁到我身上。」

母親生病後，有三年的時間，Kate 會白天上班、晚上和週末去照顧媽媽——相處中，兩人都專注在病情上，漸漸少了過去的緊繃。

「我知道媽媽很害怕死亡。」

談到媽媽過世的那一晚，Kate 說她守在病床邊，告訴彌留的母親，這一關勢必要走下去。

「那時，我覺得自己真的陪她走過了那條橋，然後她也真的進門、離開這個世界了。」

Kate 說，她覺得母親罹癌到過世的那段期間，是她們關係和解的過程。

「媽媽最後真的教會了我很多事情。」

Kate 溫柔地說。

我覺得我是幸運的

2016 年，Kate 被確診為肝癌時——她的第一反應不是「為什麼是我？」而是「怎麼會那麼快？」

面對那麼多親人的離去，對於自己的癌症，她總說：

「我覺得我還滿幸運的。」

一方面是因為照顧過母親，因此對於所有癌症療程，像是化療、放療和手術等知識，Kate 都已大概具備。因此在進行手術時，她的心情都很平靜。

「如果沒有陪伴媽媽經歷過這些，我想我當時沒辦法這麼平穩的看待自己的狀況。」

學會說再見

幸運的是，Kate 在手術過後，身體復原的相當順利，現在她也會持續地透過瑜伽，幫助自己重新找回身心靈的平衡。她也計畫著之後要為病友們開瑜伽課，希望能幫助到更多人，在這段路程上，長出面對疾病的力量。

「輪到自己生病時，我才重新意識到生命要怎麼去過，也學會怎麼跟不同的人說再見。」

訪談接近尾聲時，Kate 說道：

「去年回老家拜拜時，我發現不管怎麼擲筊，媽媽都沒有出現，我想她是覺得在天上已經把事情都結了，現在要去遊山玩水了吧！」

祝福 Kate 的馬麻在天上過得幸福快樂

瑜伽課報名 +1

敲碗 Kate 的病友瑜伽團

祝大順利

文字：陳湘瑾 / 癌友有嘻哈
採訪：陳湘瑾
採訪協力：蔡孟儒 / 米娜哈哈記事本

不消極，先認真，後隨緣，不隨便

血癌 阿文

82

> 他是阿文，經常應酬的設計公司老闆。
> 體能不錯的他，有時會參加鐵人三項。
> 37 歲那年，他發燒兩週未退，
> 去大醫院做檢查，
> 才發現自己罹患急性淋巴白血病，
> 俗稱血癌。

生病對年輕世代的打擊與負擔

37 歲，正值事業衝刺的年紀。

阿文除了是一家公司的老闆，同時還是一位父親——公司有很多員工要養，家裡也還有兩個未滿 3 歲的孩子。總是在照顧家人和員工的阿文，忽然之間，變成了最需要被照顧的人。

移植是唯一選擇

血癌的類型多種，他罹患的，是最棘手的那一種。移植療法，是當時唯一可選擇的路。骨髓移植，白話一點來說，就像是「全身換血」——是血癌中常見的治療方式，但本身卻存在許多風險。

阿文幸運有哥哥的骨髓配對成功，可以進行移植。然而，即使完全匹配，仍有產生排斥的高風險，有一定機率引發像是敗血病、硬皮症、肝炎等併發症。面對高風險的療程，主治醫師告訴阿文，不管以前他是在做什麼，治療以後，都希望他能做點不一樣的事。

心裡的痛更勝身體的病痛

完成骨髓移植後，有一陣子血癌患者的免疫力會比剛出生的嬰兒還脆弱。這段時間，患者大多被告誡儘量待在家中、少出門。阿文描述，自己一個成年男子，每天卻只能躺在隔離病房裡，什麼事都不能做，心裡真的非常痛苦。

「我怕自己不能陪伴小孩長大，也常常覺得好像有些事情還沒做完，像是廠商的貨款還沒付等等。」

阿文說，這段過程，自己多次流下男兒淚。

「無能為力的感覺」比起身體上的痛，還要更加折騰人。

新的工作態度

經過長時間的休養後，阿文說自己非常幸運，身體可能會有的慢性排斥，他都沒有遇到。他覺得現在的身體和一般人已經沒什麼差別，但自己，卻多了一份同理心。

生病前，他總忙於應酬、作息亂七八糟，常被老婆唸說總把家裡當飯店。生病後，重回公司的他，企圖心變得沒那麼強了，對員工的管理也多了一份佛心。

他體悟出了自己全新的工作態度：

不消極，先認真，後隨緣，不隨便。

「把自己照顧好，也是對愛你的人負責任的方式。」

重生的生活，做不同的事

身體穩定後，阿文開始思考起醫生的話：「做不一樣的事。」

但怎樣才算是「不一樣的事」呢？

原本步調緊湊的阿文，因緣際會下，開始學習品茶。靜心品茗的過程，喝的不是茶的好壞，而是傾聽自己內心的聲音──阿文後來還因此開了一間茶館，希望可以透過這個空間，做一些公益。

在茶館裡，阿文會特別留意多與男性病友交流。他說比起女性，多數男性病友更不擅長吐露心聲，鮮少交流內心感受，一心想透過重返社會逃避恐懼──這導致他們承受的精神壓力，往往更勝於疾病本身。阿文建議，無論是男性還是女性病友，都可以學習多與人聊一聊，更加誠實的面對自己。畢竟，人生還有太多事情，比賺錢和面子還要更加重要。

阿文說開茶館根本不賺錢
但是他內心覺得非常開心
阿文根本太佛心
阿文的茶館粉專：樸茶書苑

文字：謝旭如 / 癌友有嘻哈
採訪：謝旭如
採訪協力：蔡孟儒 / 米娜哈哈記事本

不再需要藉口拖延的夢想

血癌 飛翔

她是飛翔，政大神經科學研究生，
曾有一陣子在衛福部的中國醫藥研究所做實驗。
她說當初讀醫科，
是因為覺得未來生技會起飛。
但未來還沒到，
淋巴癌和血癌卻先後造訪她的求學生涯。

像是場玩笑般的淋巴癌

她的病史就像一場遙遙無期的拉鋸戰，反覆上演痊癒和復發的情節。上天像是個無聊的小屁孩，在她孤獨的房中，開開關關著名為「希望」的那盞燈。

大四那年，飛翔的頭上長了一顆不痛不癢的小肉瘤。在皮膚科醫師的診斷下，本以為只是顆小粉瘤，沒想到化驗之後才發現竟然是淋巴癌。但就在她要進一步做治療時，全身上下的癌細胞卻突然消失得無影無蹤。一場虛驚過後，治療計畫暫緩，餘下的，是一紙「重大傷病卡」。

突如其來的血癌確診

後來像什麼事都沒發生過，她順利上了政大研究所。三類組的她，每天為了完成論文，被研究和實驗塞得滿滿滿。但她的身體卻再次出了狀況──感冒、拉肚子、頭暈樣樣來，本以為是實驗帶來的疲憊感，直到回診檢查，才發現全身的 70%、包括骨髓，都是癌細胞。

由於癌細胞這次是在骨髓裡被發現，因此醫生判定為「血癌」──除了化療外，還要進行骨髓移植。

反覆的治療與復發

第一階段的化療完畢，原本都覺得很順利，想不到三、四個月後，又發現腫瘤，再度復發，於是飛翔又被追加第二階段的化療，並進行自體移植。本以為捱過自體移植後，就此可以跟癌症說掰掰，想不到過沒多久……又再度復發。

在醫生的評估過後，決定進行異體移植，依靠著弟弟 50%的配對率（親人配對的最低標），進行完移植後，病情才終於穩定下來。

飛翔說，當時她其實是抱著必死的決心，她非常沮喪，覺得如果自己這次真的撐不過去的話，就算了。

罹癌後的心態轉變——關於情緒勒索的省思

在治療的過程中，因為病情不斷的復發，導致飛翔變得非常厭世，甚至經常將生病這件事怪罪在自己身上。

儘管已經抱持著必死的決心在治療了，但還是會受到許多周圍親近的人的壓力，怕自己如果真的撐不下去的話，家人跟男友一定會很難過。

「我死掉這件事情會讓身邊的人傷心，所以有著不能死掉的壓力——這其實讓當時的我感到非常焦慮。」

「當時感覺這些治療都是為別人而做的，不是為了我自己，所以壓力特別大，有種說不出的矛盾吧！」

在生死之前，大家都有自己的看法。或許這件事情本身沒有對錯，只有怎樣的選擇，比較適合自己，以及自己周遭重視的伴侶及親友。

修養的一年開啟的第二專長——海柏手作

所幸，後來骨隨的異體移植很順利，飛翔終於擺脫反覆復發的噩夢。但她卻被醫生勒令必須在家中休養整整一年，儘量避免外出，以防免疫力不足被感染導致生命危險。

乏味的休養生活，雖然無聊漫長，卻意外地讓她重拾了小時候的興趣——手作。她透過網拍，買了一臺裁縫機，憑著自己的創意和布料，創作出許多可愛的商品。她還開了粉專「海柏手作 Hebbian Handmade」，在商品相簿裡，從可愛圖騰的束口袋到現在時下最夯的飲料杯套，應有盡有。

不再需要藉口拖延的夢想

就像五月天的歌《有些事現在不做一輩子都不會做了》，在生病前，飛翔會考慮許多現實因素，選擇不發展手作事業，像是繁重的學業課業、怕做這個賺不了錢、家人會不會反對、做這些東西真的賣得出去嗎……等等。但這些顧慮，都在癌症找上門的那一刻釋懷了——如果現在不做，那什麼時候要做？

講到自己手做的事業，飛翔不禁炫耀道：

「對了！我的作品，有通過 Pinkoi 的審核唷！」

「這個文創電商平臺的審核，是出了名的嚴，我本來覺得自己肯定不會上呢，呵呵！」

「可是他們真的抽太多了……我都賺不到多少……」

這時，電話傳來了大家的爆笑聲，我們打趣說道：

「那我們是不是該考慮來開個放病友商品的電商平臺呢？」

「乾脆改天辦一個市集，只有病友可以應徵攤主好了！」

大家繼續哈哈大笑，討論著許多病友市集的可能性。

雖然沒有人明講，但我們的心裡都希望，這段談話，不會只是幹話，
而是變成未來可能會發生的「規劃」。

好奇大家在生病後
意外長出來的第二專長是什麼呢？
以下開放各路好手報上自己的第二專長 XD
飛翔的粉專：海柏手作 Hebbian Handmade

文字：劉桓睿 / 癌友有嘻哈 謝采倪
採訪：米娜哈哈記事本 / 劉桓睿
採訪協力：蔡孟儒 / 米娜哈哈記事本

對渴望的快樂，永不妥協

子宮頸癌 慧翎導演

> 她是陳慧翎，
> 金鐘獎導演，
> 執導的作品《你的孩子不是你的孩子》引起廣大討論——
> 在反應熱烈的背後，
> 來自癌症復發後的反思。

第一次檢查就發現異常

一向對拍片要求完美的慧翎導演，已拿下多次金鐘獎，在外人眼中，拍攝對她而言應該游刃有餘——但實際上，她經常在執導過程中，將手指摳到流血，每次拍、每次都緊張。

因為數次於非生理期出血，慧翎導演漸漸察覺身體的不對勁，到醫院做了子宮頸抹片檢查，結果發現高度細胞病變。切片後，確診為子宮頸癌。

準備進行子宮根除手術時，由於醫生從 MRI 影像中已看不到癌細胞，因此手術臨時喊卡，變為定期追蹤檢查。

妳的身體不是妳的身體

對導演而言，拍片是快樂的泉源，不是壓力的來源，於是她馬上便重回工作崗位，繼續節奏緊湊的執導生活。

三年後，當導演開始著手拍攝新作品《你的孩子不是你的孩子》時，又發現開始有非經期出血的現象，明知身體有狀況，但她仍選擇繼續投入工作。

後來回醫院追蹤檢查，發現腫瘤已逼近 4 公分，但無法立即手術，於是醫生決定以化療、放療作為主要治療方式。

癌症復發後的反思

當初自己的父親就是罹癌過世的，也曾因為工作在安寧病房拍過片——所以導演大概知道，「癌症」整個治療過程，是怎麼一回事。

那是導演第一次放下工作，思考自己的人生：

「如果生命只剩下九個月，是不是應該要為自己做點什麼呢？」

以前的她，總是為家人、為團隊、為別人做事，卻從來沒有好好重視過自己內心的聲音。

「如果我只剩下這一部片可拍，我想要說什麼？」

「我還要妥協嗎？我還要討好別人嗎？」

你的孩子不是你的孩子 2.0

慧翎導演提到，我們從小就被教育：「不能善待自己」，需要嚴以律己、寬以待人。除了學業分數的壓力外，還要時時刻刻對自己打分數，總是覺得自己哪裡做得不夠好。

在臺灣普遍的教育觀念下，小孩是沒有發聲權的。即便發言，也會得到「我是為你好，以後你長大就知道」的結論。

慧翎導演知道，較年長的的父母輩已很難改變。但她期盼，透過戲劇，可以讓年輕一輩的父母產生共鳴，給下一代更好的教育環境。病情穩定後，導演重回劇組——這次，她將罹癌的經驗與反思，融入《你的孩子不是你的孩子》中。重新定調了整齣戲的調性，成為最後大家看到的樣貌。

更樂觀豁達的人生

2018 年 7 月，《你的孩子不是你的孩子》在公視上正式開播，網路反應熱烈。但在 10 月，慧翎導演卻又迎來了癌症第二次復發。

提到復發，日前剛完成化療的導演，淡定的說著：

「已經發生了，所以不可能不接受，只能面對。」

過去很執著和要求完美的慧翎導演，現在已學會放過自己。開始透過瑜伽調整呼吸，在過程中了解自己身體的極限，探索內在的改變，不追求外在的虛像。

「因為不可逆，不能交換，只能面對。」

「如果你開心也是一天，難過也是一天，那何不開心一點呢？」

這樣說著的導演，眼裡閃閃發光。我們知道，這就是導演對自己內心真正渴望的快樂，永不妥協的模樣：）

面對快樂
我們一起永不妥協！

文字：謝旭如 / 癌友有嘻哈 謝采倪
採訪：謝旭如
採訪協力：蔡孟儒 / 米娜哈哈記事本

胃癌 小巫

> 她是小巫，一位勇敢幹練的女性，
> 曾接受外派，隻身飛往柬埔寨擔任業務經理。
> 急性子的小巫，經常胃痛。
> 某一次，她吃了胃藥，
> 胃疼卻遲遲沒有改善，便專程飛回臺灣照胃鏡。
> 一個月後，家鄉收到了來自醫院報告──疑似是胃腺癌零期。

胃癌三期，皮革胃的無胃生活

接到消息後，小巫馬上放下工作匆匆返臺，掛了腸胃科。醫師看過影像後，說腫瘤已有 5 到 6 公分，不可能是零期，判斷應屬後期。因此無法使用內視鏡做手術，立刻由一般外科醫師安排傳統手術。

全胃切除化驗後，小巫被判定胃癌第三期，類型是屬於好發於年輕女性、惡化度高、易轉移、胃壁會失去彈性的「皮革胃」。

無胃的身體但是無畏的心靈

儘管全胃切除，成了無胃人，但小巫覺得自己和平常人並沒什麼不同。在手術身體穩定後，她每天吃口服化療藥，把癌症當成慢性病，持續追蹤。

吃的難題從未困住小巫的生活，她照樣出國玩，還和男朋友拍了婚紗照。半年後，便重返職場飛回柬埔寨繼續工作。兩年後，小巫和交往七年的男朋友開始討論婚事，在一次年度健康檢查中，卻發現癌細胞轉移到了大腸。

復發轉移的連續打擊

癌細胞像融化的冰淇淋，擴散後黏滿腹腔所以無法完全切除，只能用洗的，洗多少算多少。此外，小巫還做了第二次手術，同時術中進行腹腔溫熱化療。

6 次化療結束後，卻再度發現癌細胞轉移到直腸、骨盆，還有尿道。此時的小巫，體重僅約 30 公斤——因為已經沒有胃，所以飲食上限制更多，吸收差，身體已無力負荷第三次的大手術，改用標靶和化療同時進行，希望能讓腫瘤縮得更小一點。

不離不棄的男友與家人

小巫說治療的過程雖然辛苦，但她能熬過來，都要歸功於家人的照顧，和貼心的男友。

她的男友，曾經一下飛機就帶著行李箱直奔醫院，陪伴手術後的她，睡在醫院整整 12 天，又飛回去工作。小巫說，這個男人非常懂她，知道她需要什麼，他們都認定彼此是要共度一生的伴侶。

雖然因為跨海的遠距，男友經常不能在自己身邊，但她的父母和哥哥，也總是不辭辛勞的陪伴她走過後續的治療——父母已年邁，哥哥也很忙碌，小巫說真的是辛苦他們了。

暫時不婚的共識，不求痊癒但求與癌和平共存

提到結婚一事，小巫緩緩說道：

「因為轉移，對未來實在充滿不確定性……我不想造成男友的負擔，所以決定讓婚姻大事先暫時擱置。」

「結婚是對彼此的認定，但不一定要用結婚的方式來認定彼此。」

說到這兒，小巫不禁哽咽。

她說有時候真的很不想面對現實，但又不得不勇敢面對。現在她已不期望會痊癒，只希望能減少不舒服，維持生活品質。現在小巫的願望，就是能盡快恢復體力，像以前一樣，帶著兩個姪女到處玩。

文字：謝旭如 / 癌友有嘻哈 謝采倪
採訪：謝旭如 / 米娜哈哈記事本
採訪協力：蔡孟儒 / 米娜哈哈記事本

勇敢追求屬於自己的美好與快樂

卵巢癌 Pinko

> 她是 Pinko，曾是華歌爾專櫃的櫃姐，
> 有著女人們稱羨的白皙肌膚、精緻的五官。
> 但在 29 歲被診斷出卵巢癌第三期後，
> 她經歷的，不是患難見真愛的那種劇本；
> 而是成了八點檔連續劇裡，
> 被男友劈腿、小三竟是朋友的悲情女主角。

到婦科看癌症的特別經歷

在 29 歲那年，Pinko 被醫生診斷為卵巢癌後，在療程中她陸續被移除兩邊的卵巢、子宮以及子宮頸——從此失去了女性生育的能力。當時的她，必須經常跑婦產科定期回診。

她形容那段過程，對她而言，曾是一種「精神上的折磨」。

大部分到婦產科就診的人，有兩種類型：一種是快到更年期的超熟齡婦女，另一種則是要迎接新生命的新手媽媽。回診時，對往後病況不知所措的自己，看到新手父母，對未來充滿期待、幸福喜悅的模樣——常讓 Pinko 覺得兩種世界，不禁悲從中來。

男友的離去，小三的冷言冷語

在 6 次化療結束後，Pinko 在第二次的剖腹探查中，被醫生宣告復發。Pinko 說在第一次治療階段，前男友非常溫柔，對她總是無微不至的照顧：包括從宜蘭到臺北就醫的交通接送、親自煮沸過濾在治療期間的所有飲用水。

前男友曾對她說：「我會陪伴妳走過一切。」

但在復發後，照養壓力還是重重擊垮了前男友，讓一切漸漸變得不太

對勁。在第六感的驅使下，Pinko 在前男友的家門口，逮到了正要離開的小三。小三不是別人，正是她現實生活中的朋友。

Pinko 帶著滿腔怒火與朋友對質，她的「朋友」，只冷冷地回應她：

「我的優勢，就是我比妳健康。」

「而且，至少我還能生。」

Pinko 一記巴掌打在「小三」的臉上。從此，她看清了一位「朋友」，但同時也失去了一段感情。她開始覺得，生過病的女性，在這個世界上，就是低人一等的存在──自卑、罪惡感、羞恥開始榨乾她對未來的想像。

英語老師的啟發，每個人都值得追尋快樂

Pinko 度過了一陣放空自己、讓自己陷溺在情緒中、每天追劇耍廢的日子。或許是因為廢到一個極致，自己也會害怕──Pinko 開始找事情做，像是寫寫日記，或學習語言。她在線上的教學平臺上，開始定期和一位外國女老師練習英文會話，聊著聊著，她們變得無所不聊。有一次，她和老師聊到感情的話題，Pinko 說，最近她有一個覺得還不錯的新對象，但是卻遲遲不敢接受對方。因為她得了癌症，已經不能生育了──沒有生育能力的她，覺得自己低人一等，不應該走入一段新的關係裡，拖累別人的人生。

英文老師告訴她：

"It's just cancer! You have over come all these struggle. You, are a SURVIVOR."

英文老師的話，鼓勵 Pinko 不要一直用「病友」的身分概括自己──因為她已走過人生最苦難的過程，應該要以自己為榮、把這些作為養分，並勇敢追求屬於自己生命中的美好與快樂。

誰說「不完美」的人，就沒有擁有快樂的權利呢？

快樂再出發，從能力所及的小事開始

受到激勵鼓舞後，Pinko 決定暫停自己留職停薪的工作，放自己一個長假，追尋自己的快樂，她先從能讓自己開心、並且覺得很有意義的小事開始做起。

她現在除了會透過社群協助其他病友走過醫病旅程之外，也開了粉專「Pinko 的一千零一夜」，用文字、影片分享疾病、生活點滴中的感觸，希望幫助到更多需要的病友。儘管，這些事暫時無法產生收入養活自己——但她依舊想看看，在存款花完之前，自己可以做到什麼樣的地步。

心力交瘁的灑狗血鄉土劇，已經正式殺青。現在即將上演的，是由 Pinko 努力一字一句刻劃的嶄新劇本。我們一起祝福這位女主角，演出成功，活出自己獨一無二的人生！

自己的人生劇本
由我們自己來決定
Pinko 的粉專：Pinko 的一千零一夜

文字：劉桓睿 / 癌友有嘻哈 謝采倪
採訪：米娜哈哈記事本 / 劉桓睿
採訪協力：蔡孟儒 / 米娜哈哈記事本

值得驕傲的孩子

卵巢癌 Jiashan

> 她是 Jiashan，花蓮人，22 歲畢業後，
> 就到醫學中心擔任研究助理。
> 就職一年多，她的肚子越來越大，本以為是長期坐辦公室胖了。
> 直到月經持續 28 天未停，她跑去醫院檢查——
> 才發現，肚子大不是因為脂肪囤積，
> 而是 18 多公分的腹腔腫瘤。

20 多公分切口的大手術與未寫完的遺書

在慈濟醫院做完超音波後，醫生要求 Jiashan，隔天馬上住院安排手術。Jiashan 第一個時間的反應是：「我的工作怎麼辦？」

她遲疑地和醫生說不敢貿然請假，可能要先徵求主管同意，再決定是否入院。醫生嚴肅的回應她：

「是工作重要，還是生命重要？」

陪同的家人在旁邊哭得比自己還慘，當下腦袋一片空白的 Jiashan，才意識到事情的嚴重性。

醫生說由於腫瘤太大，不確定是不是有癌細胞轉移，因此無法確定手術的過程中，會拿掉多少體內的器官。充滿不確定性的大手術，讓 Jiashan 住院後，每天都害怕得在夜晚偷偷哭泣。她帶了紙筆到醫院，決定寫遺書以防萬一，一封寫給朋友、一封寫給家人。

「結果我兩封都各寫了一半，就沒有繼續寫下去了。」

「我一邊寫遺書的過程，一邊思考著：難道我真的要死了嗎？這些遺書裡的話，與其是死後被看見，我更想要活著親口對我的朋友和家人說。」

於是她揉掉了兩封遺書，帶著這個信念，被推進了手術房裡。

病人就該有病人的樣子？

很幸運地，手術很順利，最後只拿掉了左邊的卵巢，保住大部分的器官。後來，Jiashan 開始了 4 次的化療，為期約五個多月的養病時光。天天在家休養，Jiashan 的病情雖然已經慢慢控制下來，但是「每天都不知道要做什麼」，卻讓她心裡非常慌亂。

她想著一定要找點什麼事情來做，好轉移自己的注意力。於是她開始看許多旅遊文章，規劃島內小旅行，期待體力好時去放風；或是嘗試拿起畫筆練塗鴉，開發第二興趣。

但看在家人的眼裡，卻會覺得「病人幹嘛不好好休息，為什麼要做這麼多事情，來『摧殘』自己的身體？」

家人會更希望她乖乖在家休息、不要亂跑、不要太累、不要勉強自己。Jiashan 提到，當時周遭對於「病人就該有病人的樣子」的要求，對她來說，形成了一股無形的壓力。

生病讓 Jiashan 體會到了人生無常，因此她更想珍惜活著的每一刻，大膽去嘗試「之前想做卻一直沒有做」的事情，而不是躺在病床上，當一個符合周遭人期待的「標準病人」。

只要活著就能創造各種可能

目前，Jiashan 病況已經穩定，回到職場繼續工作。重生後的她，變成了一位喜歡挑戰新事物的女孩。她為自己安排了一場日本自由行，還把一些自創的圖案拿去 LINE 投稿，最後還成功通過審核，現在在貼圖小舖上都買得到。我們讚嘆她好厲害，竟然有自己畫的貼圖，「我們都有病」都還沒有自己的貼圖耶（嗯？）

她說：「沒有啦！雖然上架了，但其實沒有畫得很好。」

真是謙虛，在 LINE 上面，其實有很多賣超好的貼圖，都是素人畫的

然後說「沒有啦，畫得不好看！」的那種誤。

歡迎到貼圖小舖搜尋：有事一群人。這組貼圖，是 Jiashan 在經歷卵巢癌的治療，低潮過、奮戰過、所生下來，值得驕傲的孩子。

文字：劉桓睿 / 癌友有嘻哈 謝采倪
採訪：米娜哈哈記事本
採訪協力：蔡孟儒 / 米娜哈哈記事本

苦中作樂，意外發現的樂趣

卵巢癌 姐子

"
她是姐子，在電視廣告的圈子，
已走跳 20 多年，擅長拍食物特寫——
她説自己特別喜歡摩斯拍出來的漢堡，
有加生菜，比較漂亮。
如今的姐子，已告別「經常連續工作 50 小時沒休息」的工作型態，
在她確診卵巢癌之後。
"

攝影圈辛苦的工作型態

姐子說，她的強項是食物的特寫。當案子忙碌時，有時她得早上四點就出門，有時得一天連拍七場到八場，有時甚至會連續拍超過五十個小時，都無法回家休息。

這個圈子，許多人的工時都很長，彼此互相比較「誰最久時間沒有睡覺」——是圈子裡的常態。

卵巢癌的發現與確診

拍片的作息不固定，讓姐子的生理週期也跟著不穩定。但起初因為沒有其它不適，她也就沒有放在心上。直到後來姐子的腹部開始出現水腫，腫到就像是快破掉的氣球，連呼吸、走路都會不舒服才送醫住院，抽出了整整 2000cc 的腹水。

做了檢查後，醫生在姐子的腹膜和卵巢之間發現有「東西」，確診為卵巢癌。

確診的衝擊與心理的低谷

提到確診後開始治療的過程，姐子還是忍不住哽咽。

「做完化療後，我在家自己洗頭，就發現頭髮掉非常多，一把一把的掉。那天吹頭髮，看到頭髮掉滿地，我就開始哭。」

「電影裡面演的癌症病患，都戴頭巾、戴口罩，臉色蠟黃、很虛弱，什麼事都無法做，感覺沒有希望。」

姐子說一想到自己要變成這樣的人，就忍不住在床上崩潰大哭。

來自同為抗癌戰友父親的鼓勵

20 年前，姐子的爸爸也曾罹患過喉癌。在爸爸知情她生病之後，便以過來人的經驗告訴姐子不要害怕、要有信心。

姐子的爸爸說，當時他有朋友因為治療太辛苦，沒有繼續醫治，不久後便走了。他幫姐子打氣，要相信醫生，不要找偏方。可以吃就吃，要記得經常保持開心。

苦中作樂，意外發現的樂趣

在父親、家人、男友與朋友的陪伴下，姐子漸漸走出了病後的憂鬱情緒，並且開始在過程中，挖掘出一些「特別的樂趣」。

光頭後，她會拍照留念，並發給朋友們說這是她的新造型，朋友們會反嗆她，像是個菜鳥阿兵哥。光頭後，姐子也趁機買了很多帽子、耳環、新衣服，意外開發出許多 New Style。

她發現自己戴鴨舌帽原來看起來很文青，帶假髮的自己，像是可愛小女生。她說現在自己的許多樣貌，都是以前從來沒有想過的樣子。

「或許在未來，我會喜歡上生病後的自己，新的模樣。」

姐子雖然有點遲疑，但是笑笑的說。

生病後的轉變

姐子說，以前的自己，是一個比較容易動怒的人。拍片的時候，客戶如果太龜毛她會生氣，所以經常會戴著口罩遮住表情，不想讓別人知道她在生氣。但是生病之後，她開始嘗試讓自己學習放鬆。

她開始練習畫禪繞畫或是抄寫經文──靜心下來進入心流的過程，讓她覺得很療癒。漸漸的，姐子的生活除了工作之外，還培養出新的興趣來。

或許，人生有時候還是要向有加生菜的漢堡看齊。漢堡肉固然很重要，但是還是不能忘記搭配「生活樂趣」的佐料，和佐以「健康休息」的生菜。這樣的生活，除了品嚐起來比較有層次之外……

拍起來，也比較漂亮：）

祝大家的生活
都能像有加生菜的漢堡一樣
又健康又美味拍起來又漂亮
也祝福姐子療程一切順利

文字：謝旭如 / 癌友有嘻哈
採訪：謝旭如
採訪協力：蔡孟儒 / 米娜哈哈記事本

當玫瑰綻放

大腸癌 毛毛

"
她是毛毛，一名「玫瑰之友」。
曾是大家眼裡不折不扣的學霸，
在教育圈打滾的她，
一路從工讀生、助教，
最後當上了臺北科技大學育成中心的經理。
一滴「橘紅色的血」，改變了毛毛的一生。
"

人工造口遇到的困境

有一天晚上起來上廁所時，毛毛在馬桶上滴下了一滴顏色不尋常的血。在姊姊的建議下，她一個禮拜內去了四間醫院檢查，最後被確診為惡性腫瘤：判定是「低位直腸癌」。

由於毛毛的腫瘤位置與體質的特殊性，醫生建議她必須做人工造口。人工造口白話一點來說，就是人造的肛門。某些大腸癌、直腸癌的病友，在治療過程中除了割除腸子，還需要連帶把肛門移除，所以必須在腹部打開一個人造口，幫助排泄。

毛毛曾經遲疑，她問醫生：「我這麼年輕，難道我真的必須做人工造口，一輩子和外接的便袋共存嗎？」

醫生說：「正是因為妳年輕，我們更會建議妳那麼做。不做人工造口，難保未來病情不會惡化，妳應該也不願下半輩子都離不開馬桶生活吧？」

毛毛最後鼓起了勇氣，決定接受造口治療。

與帶刺的玫瑰共生共存——癌友界的小王子

「玫瑰之友」，是臺灣少數病友間，稱呼彼此的方式——他們的共通點，是因為某些原因切除了肛門，做了人工造口。而這個造口，在病友間有個美麗的外號，叫做：「玫瑰」。

這朵玫瑰，就像《小王子》故事裡的玫瑰一樣帶刺。玫瑰之友們，最大的課題，便是要學習如何和自己的玫瑰共存。像是排便訓練、造口清潔，和外型改變造成的心理創傷。

由於人工造口沒有正常肛門上的「括約肌」，所以在一開始要學習的，就是「排便」。毛毛分享，當時她會規劃每天定時早上 6、7 點起床灌腸，熟悉利用人工造口排泄的感覺。

而人工造口，是屬於手術後外型會有明顯的改變的治療方式：在腹部會有一個外接的袋子，承接排泄物——許多病友會因此變得自卑、鬱鬱寡歡、宅在家裡不出門。

與玫瑰共舞——帶著便袋一起去旅行

毛毛沒有因為造口，而放棄原本自己喜愛外出旅遊的興趣，如今她反而做了許多更加大膽的嘗試，像是天生喜歡游泳的她，就曾和朋友相約穿比基尼去玩水，人工造口就露在外頭，她也沒在怕。拍了一張美美的泳裝照，換成自己的粉專大頭貼。

在旅遊地點的選擇上，毛毛喜歡去日本旅遊。毛毛說日本有無障礙人工肛門的洗手間，而且也非常乾淨，設計上對玫瑰之友來說也很友善。去日本的期間，她照樣泡溫泉，當地人也似乎見怪不怪，很少對她指指點點。

當然過程中，還是有一些不愉快，像是有旅行團，會擔心她的「排泄物」掉出來，有不好的味道影響其他旅客情緒，而拒絕讓她跟團。但

也有旅行團很友善，明白毛毛的處境，知道其實處理得當，味道是不會外露的。

毛毛不只讓旅程侷限在日本，她也經常挑戰像歐洲、澳洲這樣長程的旅行。她說，其實只要能處理好排泄的問題，多帶點造口專用的造口袋，必要時可帶上尿布、清潔用品、備用的換洗衣褲以備不時之需──就算是玫瑰之友，還是能夠開開心心到處玩耍的。

當玫瑰綻放

毛毛也有一個記錄自己抗癌點滴的粉專，叫做「當玫瑰綻放（毛毛的抗癌故事）」，如果大家有造口問題，歡迎追蹤毛毛的粉專，她很樂於為大家解答造口相關的問題。毛毛想藉由自己的經歷和故事，鼓勵玫瑰之友多多出門，不要因為病痛而限制了自己的世界。

她打趣的說：「而且，其實一般人放屁會臭，但我們因為有袋子封住，根本就不會臭好不好！」

那天見面的尾聲，她吹熄了聚會發給大家的許願蠟燭，她許的願望是：「希望可以推動大腸癌與人工造口的社會補助，讓更多玫瑰之友可以受到重視及幫助。」

祝福毛毛，希望她的願景能夠成真；也給予玫瑰之友，這個歷程格外辛苦的病友群體們，一個深深的致敬。

#毛毛的粉專：當玫瑰綻放（毛毛的抗癌故事）

文字：劉桓睿／癌友有嘻哈 謝采倪
採訪：米娜哈哈記事本／劉桓睿
採訪協力：蔡孟儒／米娜哈哈記事本

病友視角：精神疾患

走跳少年看人生

臨床心理師 Bibo

> 她是 Bibo，畢業於臺大臨床心理學研究所，
> 曾在高醫安寧病房擔任臨床心理師，陪伴癌末病人。
> 原本的她，就跟一般專業醫療人員一樣：
> 觀察病人、分析病情、選擇療法——
> 然而，去年突如其來的恐慌發作，
> 才讓她意識到自己從未察覺的「專業的傲慢」。

毫無預警地昏倒

去年初，Bibo 在醫院工作時，曾因不明原因，突然昏倒了兩次，但是卻查無病因。當時她也沒有多想，就這樣過了一個禮拜。

有一次，在一堂學習因應焦慮症的工作坊上，Bibo 又開始感覺呼吸急促、暈眩感來襲。坐在椅子上努力壓抑不適感的她，想的並不是會不會暈倒，而是害怕在場幾十位心理師的眼光。

當心理學家遇上心理生病時

症狀平復後，她開始自我分析與反省。利用自己所學的知識，她判斷自己應該是有恐慌的症狀。然而，她卻沒有因此放下恐懼，反而變得更加焦慮。

「心理師竟然生了心理的疾病」——從醫病人員轉換成病患，突如其來的角色錯置，Bibo 陷入了深深的矛盾裡。

從第三人稱到第一視角

徬徨無措的她,在跟一位前輩討論完後,才下定決心去看精神科。然而,正當她決定要出門求助時,卻發現她竟然走不出家門。

「搭電梯的時候如果突然昏倒怎麼辦?」「走在路上突然昏倒該怎麼辦?」各種擔憂、害怕的情緒,猛烈地占據了她的思緒。

突然間,她想起了她的病人。

以前在門診聽到自己的病人描述這種不安時,她心裡都會覺得:有這麼難嗎?想太多了吧?這想法不太理性吧?直到自己也親身經歷了相同的困境──她才發現每位出現在她診間的病人,來看診時,都需要鼓起多大的勇氣!

放下專業的傲慢

在有了這樣的體會後,Bibo 對病友的態度,漸漸從傳統醫病「上對下的指導」變成「平起平坐的陪伴關係」。

Bibo 說,原本她會有上對下的觀念──是因為在傳統醫護人員的價值觀中,為了讓病人能好好聽從醫生的指示配合治療,都會營造出一種專業的「權威感」。

在 Bibo 放下了原本認為「病人就是來求助於我」的小傲慢後,她開始發自內心地給予病人勇氣與鼓勵。有時和病人的交談中,Bibo 還會分享自己也曾經生病的經驗。

醫療人員與病的心理距離

Bibo 說,其實有許多心理領域的醫療從業人員,在這麼高壓的工作壓力下,也會需要依靠藥物,來幫助自己穩定精神狀態,但或許是害

怕揭露太多，會失去病人的信任，多數心理師都選擇避而不談。

Bibo 說剛開始其實她也很猶豫，到底要不要和病人分享她生病的經驗，但看到病人們在聽完分享後驚呼：「哇！原來心理師也會這樣喔！」

他們如釋重負的表情與反應，都讓 Bibo 覺得很值得。

打破了傳統醫病之間上對下的結構，選擇和病人站在同一條線上——Bibo 說對外出櫃自己的疾病，不但沒有讓病人對她失去信心，還讓病人變得更加信任她了：）

我們都有病
我有病我驕傲
我沒病挺有病
Bibo 的粉專：走跳少年看人生

文字：劉桓睿 / 癌友有嘻哈
採訪：劉桓睿
採訪協力：蔡孟儒 / 米娜哈哈記事本

先認清問題，然後擬定解決策略

恐慌症 培志

> 他是培志，北科大創意設計系。
> 22 歲時，就榮獲設計圈奧斯卡獎：德國紅點。
> 25 歲，便開始了人生第一次創業。
> 夥伴面前，他是一位值得信賴的領袖；
> 但鎂光燈後，創業的壓力，
> 卻讓他付出相對應的精神代價——恐慌症。

從來沒有人能準備完善來面對創業

其實，創業本來不在培志的生涯規劃中。或者說，沒有預期會這麼早發生。

當時研究所畢業的他，已經接下了海外知名公司的玩具設計師職缺邀請，本來想累積一定的工作經驗和人脈後，再出來創業。

「你未來應該無論如何都會出來創業吧？那為什麼不早點開始呢？」

「一個賭徒進到賭場的時候，不管有錢沒錢，只要輸光了都是個窮鬼！」朋友的這一席話，打進了培志的心裡，是啊！創業就趁不怕失去的時候創吧！

自我催眠的創業旅程

放棄了機會非常難得的工作邀約後，培志決定創業。

創業的過程，就像在爬著心靈的天堂路。原先準備的創業基金 150 萬，在短短四個月內就燒完了，經常面臨沒資金、沒資源、而且突破不了法規限制的各種困境。

「身為隊長，不可以讓夥伴感受到沒有信心的那一面。」

為了不顯露出「自己也會害怕」，培志說創業以來，他幾乎每天早上

起床，都會對自己反覆說話、就像是催眠一樣：「培志你很棒，培志你很好，培志你可以的。」

然後再帶著看似爆棚的信心，走進辦公室。

創業的精神代價

日復一日的進行自我催眠，培志的努力，讓他在一年來，成功拉進了更多資源保住團隊，也談下了好幾個合作機會，但他的身體卻漸漸出現了異狀。在一次出差回臺灣後，培志發現自己的雙頰腫脹疼痛，但求助外科，卻都找不到原因。

當症狀來襲時，他會頭痛、掉髮、覺得呼吸不到空氣，睡眠品質大打折扣，有時睡前還會崩潰大哭。最後在醫師的建議下，培志求助身心科醫師──診斷出了恐慌症。

出櫃恐慌症──從隱瞞病情到團隊共同面對

確診的當下，培志思考的不是怎麼醫治，而是如何不影響到團隊。

他本來沒有要公開這件事情，因為對於外界觀感，「公司創辦人罹患心理疾病」是一個很大的風險。但在反覆思量後，他還是選擇將這個症狀告訴了所有人。

「畢竟創業伴隨著許多不可控的因素。」

「讓團隊和投資人都了解我的真實狀況，可以幫助他們更客觀的評估風險，做出對他們比較好的決定。」培志冷靜的說。

幸運地，當時的投資人與團隊夥伴，知道後都沒有選擇抽身或退出──反而更加體貼培志，幫忙他分擔數不清的待辦事項。

創業過後的成長與失去

2019 年，培志將創業題目 Addweup 結束後，正式登出了新創圈。

創業這條路的精神代價雖高，卻讓他變得更有責任感，心態上也更加沉著。創業時認識的人脈，也讓他很快就透過朋友引薦，找到了一份真心喜愛的新工作——後來的培志，擔任過味全龍的行銷副總監，之後也即將前往海外工作。

無論是面對創業還是恐慌症，培志給的建議是：

「先認清問題，然後擬定解決策略。」

釐清問題，可以幫助舒緩對於未知的恐懼；擬定解決方案，才可以從根本上解決問題。

他說創業看似付出的代價很大，但其實也沒有讓他失去什麼。

除了頭髮之外。

頭髮少是不是有未來發大財的跡象
超多創業家都延伸出身心理問題的
創業真的不容易啊

文字：劉桓睿 / 癌友有嘻哈 謝采倪
採訪：劉桓睿
採訪協力：蔡孟儒 / 米娜哈哈記事本

Tomorrow is not guarantee

躁鬱症 凱程

> 他是張凱程，
> 24 歲大男孩，
> 現就讀於北醫醫學人文。
> 斯文年輕的他，是一位社工。
> 同時，
> 也是一位癌症親屬陪伴者、精神疾患患者。

高中升學考，越來越不穩定的情緒

高中時玩社團的凱程，是學校裡的明星學長，走在校園中，大多數同學都會主動和他打招呼。但升學考試前，他發現自己常常感到心情低落，情緒變得越來越不穩定。放榜後，成績完全不如預期。在一次與母親的談話中，凱程情緒奔潰──意識，就這樣忽然斷了片。

等醒來時，他已躺在醫院的病床上。醫生沒有直接明說診斷結果，但根據服用的藥物，他推測自己很有可能是：「第二型雙向情感障礙症」。

雙向情感障礙症──躁鬱症

雙向情感障礙症，是一種週期性的腦內分泌失調現象，最常見症狀的是躁症、鬱症交互出現，反映出高亢、低落兩種極端的情緒表現，又稱為「躁鬱症」。

「這件事，為什麼會發生在我身上呢？」

當時的他，只覺得無法相信。

精神疾患者——社會體制下的病人

或許是因為連結到自身的醫病經歷，大學時期的他，便去某家精神科醫院，擔任社工實習生。

他回憶，醫院的環境和電影裡的監獄場景類似：裡面非常陰暗，很多小鐵門鐵窗。中間有一個空庭，休息時間會放精神病人出來走一走。白色地板上有一灘灘黃色或者白色的水，環境充斥非常重的尿騷味……每個人的眼神，都是空洞的。

這段實習的經驗，讓凱程不再只從外觀穿著和主觀感覺去對人下定論。他想，如果社會大眾不能了解精神科病人，他們便會永遠被關在像監獄的地方。

大學畢業後，他便投入相關領域，找了一份精神障礙者照護的工作，還同時在研究所進修，鑽研醫學人文。

父親罹癌，社會工作者的能與不能

找到人生志業的凱程，生活卻再一次被打破了寧靜。

去年 11 月，凱程的父親持續發燒。在醫院反覆檢查後，被確診為膽管癌，對父親來說，是一個沉痛的打擊。同樣難以接受的，也包括凱程。

因為父親生病，他不得不辭去工作，回家顧店。有些長輩甚至勸他，書也不要讀了。

「但我也有我想要完成的理想啊，我想要幫助和我一樣生病的人，讓別人能夠理解他們。」他激動道。

讓凱程更生氣的是，消沉的父親，有時也會偷偷不吃藥。

「我其實沒有辦法諒解他這樣做。我知道自己是一個社會工作者，應該要有同理心。但因為躁鬱症，我多少次也想要結束自己的生命，可

是我想到家人，所以我沒有這麼做。」

「現在我最在乎的人，卻用消極面對疾病的態度來回報。」

又氣憤又掛心的口吻，感受得出內心矛盾的凱程，其實深深愛著自己的父親。

照顧者陪伴者的人生反思

凱程坦言，自己之前對感情的觀念不是很好，比如說相處不合就分開，分開以後就不要再有任何聯絡。

但在經歷父親生病後，他看見了很多醫院裡的陪護者，像媽媽這樣不離不棄的人——面對疾病，她們都沒有表現出絲毫脆弱，反而是全心全意地照顧對方。

「你會覺得，這才是真正的『在乎你』和『關愛你』的人，我們應該更珍惜生命中，願意接受你某種狀態、並且和你一起面對難題的那些人。」

" Life is too short, Tomorrow is not guarantee. "

「在感情上，我決定不再逃避。」

在經歷了自身的病和父親的病，凱程不再是個大男孩，而是漸漸成為一個成熟的男人了。我們一起祝福凱程，未來可以協助越來越多人，了解精神障礙者的需求！

文字：符煜君 / 癌友有嘻哈 謝采倪

採訪：符煜君

拍攝：符煜君

採訪協力：蔡孟儒 / 米娜哈哈記事本

陪伴就是最美好的同理

憂鬱症 賀琪

> 她是蔡賀琪，新創圈的設計師。
> 從國中開始就患有重度憂鬱症，
> 在一次自殺未遂後，
> 成為了老師和同學眼中的「怪人」。
> 「有人說憂鬱症很多時候是可以被預防的，
> 是啦，如果包括被霸凌的話。」她自嘲。

充滿暴力陰影的童年

賀琪說，從小開始，父親就經常對母親動粗家暴──長期下來，媽媽的精神狀況越來越不穩定，開始將情緒宣洩的出口，轉移到自己的孩子身上。相較於長子和小妹，最被討厭的是身為老二的賀琪。
「我媽打我打得最凶，因為她覺得我比較像我爸。」
「我哥和我妹都不知道，當他們不在家的時候，媽媽就像瘋了一樣，會不停打我，或是撞牆各種。」

我似乎永遠得不到媽媽的愛

她回憶，母親節的時候，同樣是康乃馨，妹妹的花就會好好的放在桌子上，而賀琪的卻會被母親狠狠的摔在地上。
有時候賀琪在畫畫或是寫作業時，母親會突然拿去撕碎，或是故意打翻畫紙和顏料盤。時隔多年，她回憶起這一幕還是會不禁落淚。
「我到底做了什麼事情？媽媽為什麼會這樣對我？」
被壓抑近乎潰堤的委屈，讓她在國中的時候就患上了重度憂鬱症──自殺未遂後，每個月都要去諮商中心報到。這讓她當時成為了師長和同儕眼中的怪人。

離開家我也很難過

家庭與母親，自童年來就帶給賀琪許多傷害——但在長達六年的戀情，以對方劈腿告終後，她意識到或許只有家人才會永遠陪伴自己。因此她便搬回家裡，每天在桃園與臺北的工作之間通勤。

可這段時間她才徹底感受，自己只是家裡的「銀行」。有時候為了要生活費，出門前賀琪的母親都會與她推擠拉扯，睡覺的時候還會偷翻她的包包，甚至是搜房間。

「我每天住在家裡就像在防小偷。」

2017 年，賀琪決定和這個家劃清界限，獨自到臺北生活。即使是這樣充滿淚水的家，選擇離開，還是讓她心裡感到非常難受。

陪伴就是最美好的同理

2019 年，賀琪參加了一場和疾病主題相關的講座。

其中一位講師，對憂鬱症的朋友說了一段話：「我會儘量去同理你們，有時候我可能做得還是很不好。但是你們還是要知道：我一直都會在。」

賀琪說聽完後，她真的快要哭出來。

「我第一次生病時，從來就沒有人和我講過這些話。」

「大家知道我生病時，都會下意識的躲開，這對我來說，是很受傷的。」

學習放過自己

以前，賀琪會責怪有些人怎麼這麼沒有同理心，後來她才理解，這真的是很正常的事，畢竟沒有人是完美的。

「我是一個不會放鬆的人。可能同樣一句話，在別人聽來可能沒有問題，在我聽來就好像出了什麼錯。」

現在，賀琪認為，在寬容別人之前，要先學會放過自己。

放過那個選擇離開家裡的自己，放過得了憂鬱症的自己。

「畢竟我只是生病而已，又沒做壞事。」

這麼說著的賀琪，哭過的鼻子，變得紅紅的。

文字：符煜君 / 癌友有嘻哈 謝采倪
採訪：符煜君
拍攝：符煜君
採訪協力：蔡孟儒 / 米娜哈哈記事本

只是心理「過敏」了

憂鬱症 孟蓉

> 她是孟蓉，大學時就讀心理系。
> 準備報考心理諮商所的那年，
> 她意外發現最近「怪怪的自己」，
> 符合講義上一條又一條對憂鬱症的描述。
> 「憂鬱症，怎麼可能會發生在我身上？」
> 當下她嚇得丟下講義，逃出圖書館。

生活開始失序，生病真的有起點嗎

五年前大學剛畢業，是孟蓉第一次遇見憂鬱症。

在那之前她幾乎與「憂鬱」完全扯不上邊。她是精明的系學會會長，個性活潑外向、愛講幹話，常用幽默的態度主持許多大小活動。

但不知是因為初次踏入社會的挫敗，還是對自我定位的迷惘，孟蓉發現自己漸漸難以專注過生活──對一切失去了活力、常常笑不出來。對於這樣「變得不像自己的自己」，一開始孟蓉只認為，或許是壓力太大而已吧。

當心理系學生遇上心理生病時

直到那年孟蓉準備報考心理諮商所，她翻著講義，發現內容一條條關於憂鬱症的症狀描述：情緒起伏大、體重下降、對生活失去興趣等等，都和最近發生在她身上的異變，如此吻合。

當下她感到非常恐懼，嚇得馬上丟開講義，倉惶逃離圖書館。但這份恐懼，並沒有讓她立刻就去求助心理專業。

在她心中產生更多的是疑問和迷惘：「我真的生病了嗎？」
「我是真的有問題嗎？」

憂鬱就像是過敏一樣

孟蓉說，當時的她，很需要一個答案、一張標籤。她想知道自己會如此是不是因為生病了？還是自己哪裡有問題？於是她下了決心，掛了身心科醫生的門診。

第一次會診後，醫生給她了一張標籤，上面寫著「憂鬱症」。

許多第一次生病的新手，都會經歷一段自我質問的過程。

「為什麼同樣的狀態只有我生病？是我抗壓性太差嗎？」

「為什麼這件事會發生在我身上？」

對於為什麼孟蓉會生病，醫生給出了一段溫柔的處方箋：「憂鬱就像是過敏一樣，妳只是剛好有這樣的體質而已。」

既不是抗壓性低、也不是心理素質差，就只是心理「過敏」了，需要治療。

憂鬱症的治療與復發

會診後，孟蓉進行了約半年的藥物療程：在腦袋內分泌紊亂的時候，透過化學藥物（吃藥），幫助生理回到基準。

她說很神奇的，吃兩週就有不一樣的感覺，明顯感覺到自己比較不負向思考，不再強烈擺盪於正負情緒之間，漸漸的能找到平衡。

但前一陣子，處在高壓工作環境下，孟蓉又歷經了第二次的發病。本以為自己面對憂鬱症會一回生二回熟，但內在真實的感受，其實是非常挫敗的。

「不是好了嗎？為什麼又復發了？」

她不禁在心裡質問自己：

「為什麼妳又要在同一個地方跌倒？」

想要被同理的支持感

孟蓉說，當她意識到自己又開始要批判自己的時候，她遇到了現在的信仰。

有一次聽牧師講道，牧師像是聽到了她心裡的問題般，就在禮拜時分享了跟「憂鬱是種體質」類似的論點。孟蓉說，或許是因為信仰的機緣，她才感覺心裡多了一份被同理的支持感，停止不斷譴責自己。

得到憂鬱症不是誰的問題

最後我們好奇的問她：「如果之後又復發，妳覺得信仰與『憂鬱是種體質』的論敘，能繼續幫助妳嗎？」

孟蓉說雖然有時還是會歷經低潮，忍不住批判自己，但「信仰」和「體質說」，卻能讓她用不同的觀點，面對生命的每個抉擇。

她幽默的補充一句：「反正我就是有病，就是高敏感體質啊！我們就是活在一個有病的社會啊！」

得憂鬱症，既不是抗壓性低，也不是因為心理素質差；得憂鬱症，從來就不是誰的錯。就只是像「對花粉過敏」、「對憂鬱過敏」一樣，需要適應和治療而已：）

溫柔對待周遭每個過敏體質的朋友
偷偷告訴大家
我很多朋友都有香菜過敏體質

文字：洪群甯 / 癌友有嘻哈 謝采倪
採訪：洪群甯
採訪協力：蔡孟儒 / 米娜哈哈記事本

大家給我很多愛

思覺失調症患者 Shane

> 她是 Shane，今年 20 歲，曾就讀北一女數理資優班，
> 目前在商務公司擔任行銷。
> 同時也是一名情感型思覺失調症患者。
> 高二以前，她的人生規劃是一條清晰的道路，
> 以生科為志業，目標是成為中研院的研究員或大學教授——
> 17 歲時，生病卻攪動了這一切。

我還以為我有陰陽眼

Shane 從 5 歲時開始就有幻聽，10 歲出現幻覺。

「我大概知道，自己會感受到一些別人聽不到或看不到的事物，但我一直以為，是我有陰陽眼。」Shane 笑著說。

從小 Shane 就自認是個努力又認真的人，幻聽和幻覺，不至於影響她的日常生活——於課業上、滑板社、科展競賽及課外活動，Shane 一直都有出色的表現。但是到高二時，她突然就覺得沒辦法了。

情感型思覺失調

思覺失調症，為大腦在處理思考與記憶的功能損毀，導致患者容易出現幻覺、幻聽，及認知功能的下降。從《我們與惡的距離》這齣戲，就能窺見一二。

但 Shane 的狀況，卻又有些不同，她是「情感型思覺失調」。除了上述的症狀之外，情感型還會綜合憂鬱症或躁鬱症的症狀，而 Shane 的狀況，比較偏向憂鬱症。

我有時候覺得自己滿衰小的

「當時最讓我困擾的是我躺在床上沒有辦法念書。」

「因為我對自我要求很高，不能忍受自己在床上耍廢。我明明手腳沒有斷掉，但就是站不起來、也睡不著。」

「我覺得自己很爛、很廢，怎麼可以這麼頹喪？但當意識到自己真的沒有辦法時，我很生氣、很絕望。」

生病打亂她的人生規劃，後來她休學了一年，復學後考進了志願生科系，一個星期就又休學了。

我永遠沒有辦法想像半年後的我會幹嘛

這些改變，不過是 Shane 三年間的冰山一隅。她說從前的自己，是一個有明確人生規劃的人。但 17 歲以後，她便永遠沒有辦法想像，半年後的自己會幹嘛，連自己的髮型都無法預測。

「基本上我的朋友對於我的打扮，已經不會再受到驚嚇了。他們已經習慣我的生活、正在做的事情，或是穿著髮型，都是一直在變動的人。」

變動中的不變——友情無價

講到朋友時，Shane 臉上的烏雲瞬間散開。她說高中休學那年，是朋友們經常找她耍廢、騎車載她出去玩，她才能找到維持繼續活下去的念頭。

去年 7 月，Shane 覺察自己的精神狀況惡化，到精神病院住了一個禮拜，朋友們為了能夠輪流陪伴她，還開了一個共用行事曆，將探病時間排得滿滿的，所有時段都有不同人陪伴她。

「我都有點不好意思，大家給我很多愛。」

「一路上從狀況很糟到現在，支撐我到現在還沒有死掉的，是我的朋友們。」

Shane 這麼說著時，眼神裡看起來，也充滿著愛。

能擁有這麼鐵的朋友

真的是一件很幸福的事情：）

大家也請多溫柔陪伴你身邊的病友

成為他最好的朋友吧

文字：陳湘瑾 / 癌友有嘻哈

採訪：陳湘瑾

採訪協力：蔡孟儒 / 米娜哈哈記事本

心中一直有個缺口

躁鬱症 億玲

> 她是方億玲，一位文學少女。
> 高中時便深受簡媜老師的文字影響，
> 正在文學森林做著一份和文字有關的工作。
> 在細膩與浪漫的氣質身後，是她對親人交錯複雜的百味心情——
> 這或許要回溯到母親的失智症，
> 與她自身的躁鬱症開始說起。

漸漸變得不太一樣的母親

億玲回憶，從前的媽媽，是一個精明幹練的女人。但不知從哪天開始，卻突然變了。

「媽媽在晚上，開始會無預警的跑到奇怪的地方後走失。」

「2017 年，媽媽在中正紀念堂也迷了路。她穿越整個中正紀念堂，往家越來越遠的方向，最後走到了北一女。」

億玲說母親在整個過程中是沒有意識感的，甚至不知道自己跨越這麼大的路線。

失智症的確診，家庭的糾葛

透過種種跡象，億玲和爸爸反應，「媽媽應該是得到失智症了。」她的判斷，卻沒有得到爸爸的贊同。

「我爸說不是。他說媽媽會這個樣子，只是因為吃躁鬱症的藥物，劑量太重，導致精神渙散而已。」因為億玲父親的反對，導致拖了一年後，媽媽才被帶去醫院，確診出失智症。億玲當下很生氣，覺得爸爸為什麼不接受媽媽失智？要拖整整一年才去看醫生？

從不理解到同理父親

後來，億玲的爸爸帶著媽媽去大陸旅行散心，一共去了四天。

回臺灣後，億玲爸爸有次喝多了，便當著她和弟弟的面，帶著醉意說道：「直到旅行的第三天，你們媽媽都還覺得自己在臺北。這次，媽媽的病真的不會好了。」

喝醉後才吐露的真心話，那一瞬間，億玲突然很心疼爸爸。

那時她才理解，爸爸應該是所有人之中，最心疼媽媽失智的。

「他們從高中就認識，他見過我媽很多樣貌，媽媽現在卻變成了這樣，他一定很難過。」

身為病友家屬陪伴者的心靈缺口

億玲坦言，自己會得躁鬱症，應該和媽媽的病有很大的關係。

國小時，億玲有次因為盲腸炎，需要做全身麻醉開刀手術。那時候媽媽卻在生病，沒有辦法來照顧她。手術結束後，還是爸爸朋友的太太在外面等待，幫她穿上術後內衣。

「這麼私密的事情，應該是自己的媽媽，我信任的人幫我做。為什麼媽媽在我需要的時候，卻總是不在？」

成年後，她才發現自己的心中，一直有個缺口，無法被填滿。或許是沒能和母親共同完成些什麼的缺憾，也或許是沒機會與母親好好對話和解的寂寞感。

用文字慢慢撿拾內心的文學女孩

「有好一陣子，我根本不知道自己未來要幹什麼。」

「直到高中，在二手書店偶然接觸到簡媜老師的作品。」

億玲說，作家簡媜老師的故事，深深震撼著她——就像一個標竿立在前方，引導她去做很多事。

對文字特別敏銳的億玲，焦慮的時候，會抄書排解。她會把之前讀過書裡喜愛的句子，一字一句慢慢校對、抄寫，一直抄到分心為止。

雖然億玲的內心，或許至今，還是有著充滿遺憾的缺口，但一談到文學，她在鏡頭下的眼神，就和外頭的陽光一樣，閃閃發光。

文字的力量真的很大
能夠為閱讀的人帶來像不到的變化
就像簡媜之於億玲
讀完這篇文章就去買本書送給自己吧

文字：符煜君 / 癌友有嘻哈 謝采倪
採訪：符煜君
拍攝：王昕然
採訪協力：蔡孟儒 / 米娜哈哈記事本

病友視角：其他疾別

恐懼是因為不了解

愛滋病 安妮媽咪

> 她是安妮媽咪。
> 2000 年，在醫院安胎期間，
> 竟意外發現自己「被成為了愛滋病」患者——
> 當時她正懷著兩個月的身孕，
> 還發現丈夫外遇的事實。

意外發現自己被感染

當年，安妮媽咪因為孕期狀況一直不好，所以住在醫院安胎。做產檢的護士，建議她在這期間做個免費檢查——「反正也不會發現什麼。」抱著這種心態，她便做了婦女愛滋篩檢。

檢查後沒過多久，就接到了醫院的電話。

她記得很清楚，早晨七點左右，電話響了。對方確認過身分後支支吾吾的說：「不好意思，我們必須請您回來我們醫院再做一次複檢。」

一下子彷彿明白了什麼。她說：「沒關係，你就直接告訴我吧！」

對方只好坦白告訴她愛滋篩檢的結果是陽性。

染病與背叛的雙重打擊

掛了電話後，安妮媽咪想不明白，自己每天的作息非常單純，不是公司就是家裡，怎麼會染病？所以她直接問了丈夫：「你曾經出去尋歡過嗎？」

先生的回答是「有」。

「我當下沒再講任何一句話了，因為我知道，這個報告可能沒有錯了。」安妮媽咪平淡地說。

生了病是我活該嗎？

事情發生的當下到生下孩子，她都表現得非常冷靜。沒有和丈夫大吵大鬧，也沒有立刻搬出去住，身邊的同事和家人都說她是個傻女人。時隔二十年她才解釋，是因為當時懷著女兒，所以她必須保持穩定的情緒才行。但外在的鎮定，並不代表她無堅不摧。

「其實也不能怪我弟弟啦！妳自己沒有配合嘛，沒有在他有（性）需要的時候滿足他，所以一切都是妳的問題。」

當時來自婆家的回應，讓安妮媽咪哭笑不得。

「說得就像染病是我自己活該一樣。」

意外降臨的女兒

長達半年以上的擔驚受怕後，她終於順利誕下女兒。好在女兒最後被確認不是 HIV 帶原者，安妮媽咪的心，終於放下了重擔。她停頓了很久才坦白，自己本來在醫生的勸告下，已經打算拿掉孩子。

「一是當時還來得及拿掉，二是她那麼無辜，為什麼要承擔社會的眼光，和這個外人看起來如此不堪的疾病？」

忍痛做下決定後，安妮媽咪被轉到了另一家醫院準備流產手術。

不為人知的醫院黑暗面

之後的三個月，她一直被安排大大小小的檢查，卻遲遲沒有安排流產。有一天婦產科醫生突然告訴安妮媽咪：「還好妳拖過五個月了，如此就不能流產了，妳必須生下來，所以妳得再找另一家醫院。」

當時她才明白，醫院為什麼要讓她做那麼多檢查──一切都是為了拖到孩子沒辦法被拿掉的時候。

安妮媽咪說，在當時，沒有一家醫院願意幫愛滋病婦女做手術。這對醫院來說是一個不名譽的事情，如果其他病人知道醫院裡有愛滋感染者的話，這個醫院就等於沒有「生意」了。

過去種種猶如昨日死

雖然受到諸多不公對待，她還是善意的說明，現在的大環境對於「愛滋病」，已經友善許多。

「恐懼是因為不了解。」她解釋。

也因這段經歷，她加入了「露德知音」籌辦的週三聊天室。

「露德知音」，是一個專注在傳遞愛滋病故事的電臺。她和電臺都期望透過故事和分享，讓和她有同樣遭遇的傳統婦女或是一般大眾，有面對疾病的參考與借鏡。

確診已經 20 年，安妮媽咪想告訴所有人，如果自己真的不幸感染了，接下來只要好好注意性行為安全，不需要害怕。吃藥治療後，大家依舊是一個「正常人」，同樣值得擁有幸福美滿的人生。

辛苦安妮媽咪了
身為母親
妳真是太偉大了
以上訪談感謝「社團法人台灣露德協會 - 露德知音」幫忙協助安排
協會的粉專：台灣露德協會

文字：符煜君 / 癌友有嘻哈 謝采倪
採訪：符煜君
採訪協力：蔡孟儒 / 米娜哈哈記事本

說服別人時，也是在說服自己

愛滋病 Yuki

"

他叫 Yuki，在軍公教上班的他，

現已年近半百獨居南部，

是一位同志，也是一位愛滋感染者。

十多年來確診至今，他深深感嘆——

「社會中對愛滋存在許多不友善，癌症不會被汙名化，但我們的會。」

"

愛滋病的確診與人生抉擇

十五年前，正值青壯的 Yuki，在成大醫院做愛滋檢測，得到了陽性的篩檢結果。

回憶得知當下，他非常惶恐，加上後續個資不小心被醫院曝光，簡直雪上加霜。

「當下真的很想死。」Yuki 這麼說著。

發現後，Yuki 便離開家庭獨自生活。獨居時間很長，從大學開始，一過就是十幾二十年。

我還記得我的感染編號

「我的愛滋病感染編號，是臺灣的前一千名。」

電話那頭，Yuki 平靜地述說著。

1984 年，從臺灣發現第一例個案截至 2017 年為止，確診愛滋病的人數，超過三萬五千筆。

前一千名這個數字表示，對於當時的 Yuki，或是整個臺灣社會，愛滋這個疾病，仍是一個非常陌生的存在。

在我眼裡這社會充滿了惡意

Yuki 說，相較於 20 年前，他認為現在社會對愛滋病的不友善，並不亞於過去。

「在 20 年前，被發現時自己是愛滋感染者時，別人只是害怕。這個害怕，是來自於不理解。」

「現在，隨著資訊普及理解愛滋後，大家漸漸不怕了。但反而是產生了惡意，甚至是拿來操作。」

Yuki 舉例，像是在近兩年同婚議題的辯論中，就有許多言論標榜：若同婚通過，臺灣愛滋感染者就會變多，會吃掉健保。其實如果稍加查證內容，就會發現這些都是非常惡意且無理取鬧的論述。

愛滋感染者社會對話試驗平台

「我們的疾病比較難談，癌症不容易被汙名化，但我們會。」Yuki 感嘆的說。

半年前，Yuki 參加了由「台灣露德協會」主辦的「愛滋感染者社會對話試驗平台」──這個計畫，主要是由愛滋病友們錄音，針對一般民眾的提問，分享自己的故事。

「帕斯堤」，取自 positive 的諧音，既代表 HIV 帶原者，也代表大家都正向積極地去面對自身的疾病。

有些提問的一般民眾，對愛滋病不了解，甚至帶有攻擊性與惡意。但這個對話計畫，打造了一個能匿名、不露臉的安全狀態，讓病友與非病友間，能有機會平等地交流意見，了解彼此的疑惑與故事。

當我說服對方，也是在說服自己

「在對話試驗過程中，我找到了自己的存在感──知道自己還是被需要的。」

「說服別人時，不只會增加自信心，同時，也是在說服自己。」

Yuki 說，其實面對疾病，他也曾想要讓自己再更開放一點。

但很不幸，他在一個觀念相對較保守的軍公教體系下工作，因此他不得不隱藏自己的疾病，以及自己的性向。他打趣說道，也許如果他待的是流行產業，他便能夠更開放一點吧！

「我們在疾病面前，大家都一樣，不是你是同志才會得到愛滋。」

「我希望所有的社會大眾，都能把感染者當作一般人。」

Yuki 收起了他玩笑的口吻，堅定地說著。

沒錯

無論有病沒病

我們都是一般人

大家都是在追尋自己存在意義的一般人

協會的粉專：台灣露德協會

文字：洪群甯 / 癌友有嘻哈
採訪：洪群甯
採訪協力：蔡孟儒 / 米娜哈哈記事本

每個人都有面對自我生命的力量

諮商心理師 韻如

> 她是陳韻如，實踐大學家庭諮商所，
> 現在是一名諮商心理師，
> 在診間陪伴過許多人走過各自的生命階段。
> 去年她因為歷經急性腦出血，
> 曾一度失去說話的能力——
> 這讓她開始以新的眼光看待諮商、病人與生命。

當諮商心理師也變成了病人時

平常穿梭機構診間，陪伴病患個案的韻如，去年 7 月因為她的左腦血管破裂，歷經急性小中風——從此，她自己也成為了經常穿梭於診間的病人。

當時腦中的出血，壓迫到了語言與視覺區，導致她像是闖入地球的外星人，無法與人正常溝通，同時右下角的視野也呈現一片漆黑。

「醒來之後，我聽不懂、也無法表達，喪失了語言能力。」

「那些生病之前習慣的東西，一下子都變得不再理所當然。」

從前的那些逞強

大學就讀師大心輔系的韻如，一直督促自己要更努力，必須用更多「親身經驗」來學習同理病人。因此她從大三就開始積極參與各式工作坊、跑研討會，為了跳脫出以語言為治療基礎的框架。

對韻如來說，她覺得如果要能幫助病人，就必須有足夠的能力將他們的故事背在身上。如此密集扎實的學習，到韻如考上心理師正式執業後，還是仍舊持續著。

在生病之後的荒謬標準

「生病之後，我才發現其實我過去非常壓榨自己的身體。」

腦出血急性送醫，雖然暫時終止了韻如原先的高運轉生活，但卻沒有停止她內心追求完美的個性。

「醒來之後，我一直很努力想讓自己趕快變好。」

在加護病房中，韻如做了好多努力，卻一直達不到自己心目中「好起來」的標準。

「很多人會說我很勇敢，但每次聽到我都覺得：哪有！」

身旁親友的肯定鼓勵，與她總是覺得自己努力不夠的心情，產生強烈的矛盾對比。

「那一刻，我才意識到，自己的標準很荒謬。」

開始練習承接自己的痛楚

有了這樣的自我覺察後，韻如引領自己，用既是病人又是心理師的雙重視角，以一位正經歷重大生理創傷的個案角度，觀看自我。

她才意識到：或許自己一直以來都對自己太嚴格了。

「生病這件事，是一個明確的參照點，讓我看見邏輯上的衝突。」

她發現以前的自己，在追逐完美標準的同時，常常忽略了自己所做過的努力。

這一刻，像是打通韻如心中的一個關鍵樞紐。即使現在偶爾還是會出現「自己不夠努力」的聲音，她卻能練習去看見自己的付出，以及寬恕自己的失敗。

一位帶著傷的療癒者

「對我來說，我是一位負傷的療癒者。」韻如說。

因為她既是一位透過語言去療癒個案的心理師，同時，自己也是一位曾真實經歷疾病的個案病人。在過程中，她說她學習到──重大的疾病，就像是生命中的創傷。

即使過程中有悲傷有難過，也要學習如何去處理傷口、學習在困難中包紮，然後找出這件事情對自己人生的意義。

「意義，只有自己要去找給自己，別人塞給你的就不是了。」

現在的韻如，帶著病癒後新的「意義」，重新走入屬於她與個案的診間，去看見與相信：每個人都有面對自我生命的力量。

#辛苦韻如了

#能懂病人的心理師真的不多見啊

#希望韻如新的意義

#能幫助到更多需要的病友

#韻如的粉專：陳韻如諮商心理師—生命的韌力與療癒

文字：洪群甯 / 癌友有嘻哈 謝采倪
採訪：洪群甯
採訪協力：蔡孟儒 / 米娜哈哈記事本

即便生病了，還是能睡個好覺

不寧腿 庭宇

> 他是林庭宇，臺大日文系畢業，
> 之前在 17 直播擔任跨國營運專案經理。
> 職場求職一路順遂的他，
> 曾在貝殼放大徵才的 1000 多名競爭者中脫穎而出——
> 2018 年初，他再次於 2300 萬人口中雀屏中選，
> 確診出全臺灣只有 1.57% 機率的罕病：不寧腿。

焦慮症與不寧腿的先後來襲

在 2017 年底到 2018 上半年，庭宇正面臨第一次疾病的挑戰，醫生診斷出他有焦慮症加上輕微躁症。

他形容那段時間，他對自己的人生完全沒有任何想像，每天都不知道要做什麼。躁期的時候，他會很開心；鬱期的時候，便會非常難過。因為飽受躁鬱週期的侵擾，後來庭宇決定放棄貝殼放大 1000 取 6 的 Offer。

他說面對這樣一個需要高度團隊合作的職位，他不知道自己當時的精神狀況，能不能很開心的和大家一起共事，只好忍痛割捨。

不寧腿的發病與確診

在 2018 年初，正當工作和焦慮症一切都慢慢的適應與穩定時，庭宇突然意識到自己的「腳」，也出了一些狀況。

他的腳常常莫名的不舒服，而且會經常不自主地抽動。在網路上翻遍了所有文章後，他終於從一位北醫醫生的論文中，了解到自己應該是得了「不寧腿症候群」。

不寧腿症候群的患者，會有強烈想要動腿的欲望，不動不舒服，坐立難安，休息時症狀會加劇，特別是躺下、坐下的時候。

統計上，大約每 4 個懷孕婦女，就有 1 個出現此症狀，醫學上認為應該與孕期體內缺乏鐵質及葉酸有關，多半在分娩後即痊癒。但庭宇畢竟不是孕婦，不能靠分娩就痊癒。

在經歷焦慮症和輕躁後，竟然又出現不寧腿症候群病症，庭宇說當下他的心情就是：「天啊，又來了！」

用知識改變困境，幫助父親突破不寧腿迷思

在北醫經過一系列的睡眠治療、電擊測試之後，最終確診了庭宇的「不寧腿症候群」。

在越來越了解這個疾病後，他發現其實有非常多的人，都深受不寧腿的干擾，但卻沒有意識到它是一種病——就像他的父親。

他父親一直以來都因為失眠困擾，長期服用安眠藥。在庭宇了解不寧腿其實多半是跟基因遺傳有關後，才破除了父親「失眠」的迷思：父親長期以為的「睡不好」，或許也是「不寧腿症候群」所導致。

化疾病為志業

由於是極少見的罕病，大部分的「不寧腿症候群」患者，在初期也常常沒有意識到這是一個病症。都以為只是失眠，而長期服用錯誤的藥物來治療。

吃了錯誤的藥，又豈能治得好呢？因此庭宇希望可以盡自己的一份心力，幫助和自己一樣的人。

現在的他，除了經營粉專「不寧腿的一天」，透過圖文，科普不寧腿知識外，他還希望未來能夠找到更實際的方法，像是透過智慧床墊或

血液監測等，改善病友的睡眠品質。

目前，他參加了永齡基金會旗下的生醫創新孵化器「H.Spectrum」，是第四屆的學員。非醫療背景的他，期望可以透過接觸相關醫病服務的組織、單位，更積極的認識更多醫病相關工作者，一起發揮各自的專業，激盪出不同的想法。

幫助到更多病友：「即便生病了，還是能睡個好覺。」

寫到這裡
突然很想點播異鄉人的歌
Swag 午覺
庭宇的粉專：不寧腿的一天

文字：劉桓睿 / 癌友有嘻哈 謝采倪
採訪：米娜哈哈記事本
採訪協力：蔡孟儒 / 米娜哈哈記事本

假想觀眾

聲帶萎縮症 人豪

"
他是人豪，28 歲，熱愛音樂的創作歌手。
小六時寫了第一首歌，
大學便成為唱片公司的詞曲作者。
但某天醒來，他卻發現自己再也沒辦法唱歌了——
這是他確診聲帶萎縮症的開端。
"

唱歌對我來説是存在於世界的意義

「我從小就喜歡唱歌，唱歌對我來說是存在於這個世界的意義。」
人豪堅定地說。

但熱愛創作的人豪，在音樂這條路上，走得其實並不順利。在畢業時，父母不鼓勵他往音樂發展，求職時也無法找到相關工作。最後，他只好先成為一位普通的上班族。

白天賺錢溫飽自己的生活，晚上耕耘自己的夢想。週末他會到咖啡廳駐唱，都是為了讓自己的歌聲被更多人聽到。

我以為跟以前一樣睡覺起來就好

兩年前，人豪在一次練唱時，發現喉嚨不太舒服。當下他並未多想，認為會像以前一樣，休息一晚就會好。但一切並未如他所預期的，「喉嚨很乾，就像被人掐著喉嚨，聲音也開始沙啞，這種感覺一直無法消退。」

去醫院看診後，確診是聲帶萎縮。

聲帶萎縮與創作者的精神壓力

人豪合起手掌，比喻為聲帶。一般人的發聲，是兩側聲帶緊密閉合；但聲帶萎縮的患者，聲帶鬆弛無法拉緊，他稍微拱起手掌：「這時候講話就會變得很吃力。」

「發生聲帶問題後，我有一年的時間，都不敢唱歌。每天睜眼都想著為什麼要醒來？醒著好痛苦。」

「最嚴重時，只要講五分鐘的電話就會累，我必須分配每天只能講多少話。」

好長一陣子，人豪溝通，都是透過手機螢幕傳達。

例如說買東西和店員說不要加辣、去冰，他都會把需求打在手機上，拿給店員「看」——能少講一句話，就少講一句。

日常生活漸漸變得不方便，與同事朋友的社交也隨之減少。但最令他害怕的事情，不是與人脫節，而是自己再也不能唱歌了。

聲帶萎縮的治療

值得慶幸的是，發病後一年間試過不同的療程，人豪在 2018 年 4 月病情開始好轉。透過醫生的建議，他嘗試過在聲帶打玻尿酸，也有去上一些幫助聲音復健的課程。

「雖然朋友都說，我現在的聲音已經很像過去的樣子，但是其實我也記不得自己原本的聲音了。」人豪苦笑的說著。

把專輯當作遺願做

去年 9 月，人豪決定開始做一直以來都想完成的事情：創作一張專輯——並將創作過程，記錄在自己的粉絲專頁「假想觀眾」中。

「我以前都會擔心做專輯會沒人聽、花太多錢，但我發現這些都沒有比『再也不能唱歌』來得可怕。」

彷彿拋下了過去束縛自己的擔憂，人豪現在以「活在當下」作為生活態度，同時，這也是整張專輯的核心主題。人豪打算透過這張專輯，寫下生病後的心路歷程，以及那些習以為常卻應該好好珍惜的幸福。

「現在的快樂跟富足，比以前更真切——不只是音樂，還深刻感受到朋友跟家人對我的愛。」人豪笑著說。

期待人豪的新專輯
先預祝可以大賣和得獎
金曲獎衝一波！

文字：陳湘瑾 / 癌友有嘻哈 謝采倪
採訪：陳湘瑾
採訪協力：蔡孟儒 / 米娜哈哈記事本

成為一個有病友身分的醫生

紅斑性狼瘡 Jamie

"

她是 Jamie，臺大職能治療系，

在今年考上義守大學醫學系公費生。

從小她就立志成為一位醫生，專攻外科或急診。

高三那年，她改變了想法，

決定未來要以風濕免疫科為志業——

在她經歷紅斑性狼瘡病發之後。

"

18 歲那年，嘴巴破了好大一個洞

高三，正值臺灣所有學生壓力指數的最高峰。那陣子，Jamie 常常嘴巴破、起紅疹、關節痛，甚至嗜睡到能從早自習睡到午休，當時只覺得應該是考試壓力太大了。

「那時候我嘴巴破的洞，有一個指關節那麼大。」Jamie 舉起自己的食指，秀出她的指節。

「原本只是去保健室，拿 OK 繃順便跟護理師提這件事，她看了看後，建議我去掛免疫風濕科。」

紅斑性狼瘡的發病與確診

從小學後就沒看過醫生的 Jamie，請了病假到附近的診所抽血，卻沒檢查出什麼病。

「初期我父母或醫生會覺得，明明驗出來就沒怎樣，出現這些症狀，是不是心理有問題？」

「不要說他們，其實連我自己都不曉得。」

直到大一健檢發現白血球指數異常、大二抽血驗出「Anti-dsDNA 陽性」，才確認自己是得了紅斑性狼瘡。

不一定能馬上確診的風濕疾病

紅斑性狼瘡屬於免疫風濕疾病，不像急性疾病馬上確診、馬上治療
——抽血後如果沒有發現特定抗體，醫生也很難馬上下判斷。其實這
正是免疫風濕患者面臨的困境。

「有些人會認為，你沒有確定的病名就代表你沒病，但實際上在免疫
風濕科並不是這樣的，醫生也不願意這麼快給標籤。」

身為一名醫學系的學生，Jamie 很了解自己的疾病，也能比較客觀地
看待。但她坦言，過程中，還是充滿許多負面情緒。

免疫風濕患者面臨的困境

回想起醫學系面試的前一天，Jamie 為了好好準備整夜沒睡，結果前
一晚發現腳踝出現從未有過的嚴重水腫。也曾發生在重要的考試前一
天開始低燒，只能躺在床上想著到底隔天能不能去參加考試。

「紅斑性狼瘡充滿不可預測性，你永遠不知道明天醒來會發生什麼
事。」Jamie 看似無奈的說。

成為一個有病友身分的醫生

作為一名紅斑性狼瘡患者，並且以醫生為志業，Jamie 談到紅斑性狼
瘡對她的意義。

「有些醫生沒有生過大病，其實不太能體會病人當下想法。」

「變成可能只是照著『數據』開藥，而不是治療『人』。」

對 Jamie 來說，自己的身分某層面或許也能減緩患者的焦慮。她能以
自身經驗告訴年輕患者：其實生病也沒有那麼可怕，還是有很多事情
可以做。

「比起照唸仿單上的副作用，我覺得告訴病人『拎北這個藥從小吃到大也沒怎樣』，他們會更願意接受治療。」

講到這兒，身為病友訪談者的我們，都不禁笑了。

覺得想接受 Jamie 的治療了
能這麼幽默的醫生不多見啊啊啊啊
祝 Jamie 的醫生夢想順利實現

文字：陳湘瑾 / 癌友有嘻哈 謝采倪
採訪：陳湘瑾
採訪協力：蔡孟儒 / 米娜哈哈記事本

一個令人期待的新腳本

亞斯伯格症 景隆

"
他是游景隆，

6 月剛從淡江大學商管學院畢業，

面對未來的許多種可能，

他正練習那部屬於自己的人生腳本。

為什麼人生需要練習呢？

——這要從他的亞斯伯格症開始說起。
"

第一批被診斷的亞斯

「我算是臺灣第一批被診斷的亞斯案例。」記得第一次見面，景隆就這樣跟我介紹自己。

1999 年，景隆 2 歲，因為發展有些緩慢，加上經常眼神不看人、不理人，頻頻出現社交障礙，最後被母親帶到醫院求助。當時醫師做出了三次診斷，從過動症、自閉症，到 5 歲時，才被確診為亞斯伯格症。那時候，臺灣對亞斯伯格症的概念還不是很熟悉，都是透過像景隆這樣的故事，慢慢累積摸索出這個疾病的樣貌。

透過一次次練習，找出人生規則

亞斯伯格症的常見症狀，包括：欠缺交友能力、與語言能力無關的溝通障礙，會出現天真、較不恰當的行為等等。天生的社交障礙，讓小時候的景隆，常常搞不懂別人為什麼會討厭他。

為了可以「與社會平凡地互動」，景隆有十多年一直持續去醫院上治療課程。他從基礎的職能治療做起，包括說話的技巧、肢體社交規則——但這些就像課本條文一樣，與實戰的校園生活還是脫鉤。

所幸在求學階段，他得到了幾位老師的幫助，一切才開始有轉機。

幫助釐清社交腳本的國中導師

景隆回憶，因為國中時的班導，他才有機會進一步練習社交。

當時老師花了很多個中午的時間與他聊天，試圖當他與班上同學的中間人，協助他去「知道」：同學覺得他怪怪的地方。

透過老師的提醒，他開始像是記「腳本」一樣，分門別類記著別人的想法與回應。

練習，補足了因亞斯無法直覺了解他人想法的天生挑戰。雖然最後景隆的人緣，沒有成為自己理想中的模樣，但至少都沒有再被同學排擠與隔離。

直覺想社交本能卻無法，所以我練習

景隆說，雖然他有亞斯伯格症，但他內心其實渴望社交。他持續練習，從醫院到國、高中老師，乃至於此刻大學畢業，他建立出一套屬於他的社交 SOP 手冊。

「現在聊天時，會知道大概要問什麼問題比較好。」

「比如問說哪裡人，之後開始切入對方生活，再從對方生長環境與背景切入。」

就像是一臺精準的電腦，當輸入夠多資料，累積情境多了，就開始能有分類預測的功能──這是身為亞斯的景隆用來認識世界的方式。

像一般人擁有直覺，是我練習的目標

「因為亞斯的關係，我會時時刻刻反思日常。」景隆如此說道。

對於景隆而言，還是存在許多腳本以外，無法立刻判斷的情境──但這並不再是他社交上面的弱點。因為每一次新情境，都是增添他腳本

的新機會。

「當我習慣與人自然談起亞斯時，弱點就不再是弱點了，我變得更有力量。」

此刻的景隆，從大學畢業正準備進入更大的社會。或許前方會有挑戰，以及新的情境要學習，但肯定會是另一個令人期待的新腳本吧！

景隆未來會不會因此成為一位導演

或是演員

或是故事被拍成一部電影呢

期待期待

文字：洪群甯 / 癌友有嘻哈 謝采倪
採訪：洪群甯
採訪協力：蔡孟儒 / 米娜哈哈記事本

幫助別人也療癒自己

過動症 育如

> 她是育如，中正大學犯罪防治所畢業，
> 現在正從事藥物濫用防治工作。
> 她的職位，就是要好好「扮演」一位沉穩可靠的助人角色。
> 但其實從成長過程到至今，
> 育如一直都在和自己腦中的「不沉穩」持續拉扯著──
> 故事要從她確診過動症開始說起。

過動症的發現與確診

那一年育如 8 歲，國小二年級。班導長期觀察，發覺她上課時總是分心，行為舉止和其他小朋友有點不一樣。對此，老師建議育如的父母，帶她去求助醫師。

「我記得那時候我這麼高，爸爸牽著我。」

育如將手比在腰間，像是回到 8 歲第一次就醫的視角。

「當時還沒有兒童精神門診，我們是去成大精神科掛號。」

分心不是故意的

到診間後，爸爸和醫生轉述了老師在學校所觀察到的狀態，像是育如上課容易分心或是經常跌倒等等。後來經過醫生診斷，確診育如有 ADHD 過動症。

醫生解釋，會有這些症狀，是源自於患者大腦中，神經分泌的狀態比起一般人更不穩定，而導致注意力與感覺難以統合。

父母欣然接受，也非常堅定地回應老師：「我女兒有過動症，她分心真的不是故意的。」

過動症孩童的困境與難題

家庭的理解，固然很重要──但對她而言，其實在確診之後，才是悲慘的開始。在轉中年級換教室的那年，爸媽基於好意，在開學前便先行告知新導師育如的病症，和可能會有的狀況。

她說還記得開學當天，新班導以「請她幫忙做事情」的名義，要她先離開教室。接著，老師就對全班的同學說：「沈育如有過動症，請大家多擔待。」

這句話，徹底影響了她往後在校園的人際關係。

不友善來自於不理解

當然老師的出發點，應該是良善的，但當時老師並沒有向所有小朋友進一步解釋：什麼是「過動症」。

對於十多歲的孩子來說，「過動症」這三個字，代表著「奇怪的神經病」，而不是一個「需要被理解體諒的病人」。那時候的同學會嘲笑她，都叫她「外星人」。

成長過程中，這些不友善的對待，一直讓育如在人際關係中感到受挫不已。

不管失敗幾次，我都可以再試一次

除了人際關係外，過動症讓她難以集中注意，學習對育如來說也是一大罩門。

小時候的育如，經常質疑自我的價值，覺得自己是浪費氧氣的傢伙，甚至無法列舉出自己的優點──「當大人說，只要妳努力就可以做到時，我卻怎樣都無法做到。」

但為了想辦法活下去，十幾歲的她，就會開始嘗試和自己對話，叫自己別放棄：「妳不管試幾次失敗幾次，妳都可以再試一次。」

「沈育如妳就剩下這個東西了，如果這個妳也放棄，妳就真的什麼都沒有了！」

幫助別人也療癒自己

「有時候我會想，如果在我小時候，很脆弱的時刻，能有個人對我說：『這不是妳的錯。』那我現在又會是怎麼樣呢？」

時間無法倒轉——但 27 歲的育如，很確定，她要用這一生來解答這個疑問。現在的育如，正從事著藥物濫用防治工作。心理系背景的她，做這份工作的初衷，是想要減少他人的痛苦。

這份使命，不只是育如用親身經驗，溫柔引領著正面對著痛苦的人們；其實也像是打造一臺屬於自己的時光機，回到過去，告訴那個十幾歲，很努力、在哭泣的自己……「妳沒有錯，辛苦妳了。」

大家都辛苦了

生病真的不是我們的錯

用同理代替指責

文字：洪群甯 / 癌友有嘻哈 謝采倪
採訪：洪群甯
採訪協力：蔡孟儒 / 米娜哈哈記事本

不友善來自不理解

妥瑞症 威宇

> 他是威宇，臺中人。
>
> 今年高三剛考完學測，便隻身前來臺北找朋友。
>
> 搭乘捷運時，他的病，卻忽然無預警發作——
>
> 開始在車廂裡止不住地發出怪聲。
>
> 一旁的乘客當著他的面説：
>
> 「你這人有病啊！幹嘛一直出怪聲？」
>
> 他強忍著眼淚，回覆對方：
>
> 「對不起……我無法控制自己，因為……我有妥瑞症。」
>
> 講完後，威宇便馬上下車，逃離這一切。

在嘲笑中度過的陰鬱童年

威宇從 3 歲時，便經常無法控制自己發出怪聲，或是做出別人眼中「怪異的舉止」。

就學期間，來自同學與師長的模仿與嘲笑，從未停過。親姊姊則是覺得他的怪聲怪鬧是故意的——因此姊弟關係小時候也不太和睦。

他當年還小，自己也不知道是怎麼一回事，只是隱約知道，自己似乎和別人「不太一樣」。直到小學五、六年級，一次偶然滑臉書時，看到妥瑞症的介紹影片，發現自己和內容描述的症狀幾乎一樣，他才知道，原來自己是得了「妥瑞症」。

妥瑞症——無法控制自己行為的疾病

妥瑞症，在症狀發作時，通常分為兩種表現形態。

一種是聲音型：會不受控制地發出怪聲，嚴重者會一直罵髒話；另一種是動作型：會無法控制肢體或臉部動作，像是眨眼、走到一半跳起

來——甚至會合併強迫症，用身體部位去摩擦牆壁。

威宇曾在一次國三自然科考試中發作，無意識地頻頻轉頭，向左向右張望，讓監考老師誤以為他是在作弊。

儘管他也嘗試克制自己，不要發出聲音或做出容易讓人誤會的動作，但面對妥瑞症，意志力終究也只是徒勞。

不友善來自不理解——勇敢為了自己站出來發聲

既然都控制不了，那不如勇敢面對吧！在受到了一部妥瑞症真人真事改編的電影《叫我第一名》的鼓舞後，威宇決定正面迎擊他的病，不再躲藏。

有一天，威宇在課堂上向班導借了幾分鐘的時間，他鼓起勇氣站上講臺，和同學「出櫃」自己是一名妥瑞症病患，並簡單介紹這個疾病會有哪些症狀，是無法控制的。漸漸的，理解的同學們，不會再用模仿的行為來嘲笑他；有時候在課堂上，威宇病情發作，新來的老師不知情時，同學也會幫忙解圍或是解釋。威宇開始走入人群裡，也交到了一些很不錯的朋友。

失去了最溫暖的依靠，開始學習獨立

一路走來，威宇也不是一開始就這麼勇敢。

從小因為妥瑞症，媽媽花了很多的心力照顧他，當威宇因病受到歧視或嘲笑時，都是媽媽作為他的精神支柱聽他訴苦。母親卻在去年 3 月離開人世了，就在確診胰臟癌後的短短五個月內。

威宇說，目前他正在學習獨立，練習一個人搭公車、一個人到外縣市、一個人搭捷運。

從前搭乘大眾交通時，會因為害怕發作遭人側目，所以非常依賴母

親，導致他各方面都比較晚熟。他說他很想念媽媽，但也知道他必須開始學習自己保護自己。

不只為了自己發聲，更要為妥瑞症病友們發聲

不友善，其實是來自於不理解。威宇目前最大的夢想，就是希望可以讓更多人知道什麼是妥瑞症。他認為，多一個人理解，就有機會少一位妥瑞症患者因為被嘲笑而心碎——就像他這次在臺北搭捷運的遭遇一樣。

他希望未來有機會，能夠在他最嚮往的國家：美國，舉辦一場超過一千人的大型演講，讓更多人關注到妥瑞症的議題。就讓我們一起祝福威宇，五年內成功解鎖一個人搭飛機去美國演講吧！

文字：劉桓睿 / 癌友有嘻哈 謝采倪
採訪：劉桓睿 / 癌友有嘻哈 謝采倪
拍攝：Ryan chan
採訪協力：蔡孟儒 / 米娜哈哈記事本

照顧 / 陪伴者 / 醫病人員視角

同理心，永遠不嫌遲

妥瑞症弟弟陪伴者 亭均

"
她是亭均，臺中人，現在就讀護專。

從小家裡有一個特別吵鬧的弟弟，

總是一直發出奇怪的聲音，或是做出旁人無法理解的動作。

「弟弟一定是故意的。」

小時候不懂事的亭均，無法理解有妥瑞症的弟弟。

偶爾兩人起爭執時，她最常脫口而出的氣話就是：

「你就是因為有病，在學校才會被人嘲笑。」
"

弟弟的吵鬧不是故意的——妥瑞症的症狀

亭均回憶起，弟弟的童年其實過得很辛苦。因為妥瑞症發作會不自覺發出怪聲或有不受控的特殊行為，因此在學校經常被同學模仿或欺負。弟弟在班上大多在硬撐，表面上裝作不在意，但是一放學回到家，就可以明顯感受出他在難過或是生氣。

她都看在眼裡，但其實還是無法理解弟弟。為什麼會不自覺發出怪聲？為什麼控制不了自己的行為？就算真的是因為妥瑞症造成的——但這些，難道不能用意志力來加以控制嗎？

姊姊的不理解不是故意的

小時候大家都不懂事，姊弟間爭吵，有時亭均氣不過便會拿弟弟的病開刀：「你不要以為你有病，大家就要讓你！」

「你不要仗著你有病，就了不起！」

以前總會覺得，講一下又沒什麼，弟弟真的是這樣啊！直到一次激烈的爭吵，亭均又脫口而出拿症狀攻擊弟弟……那是弟弟第一次在她面前崩潰大哭，並用悲傷的神情對著她說：「為什麼就連我身邊最親近

的家人，都要這樣罵我？」

同理的開始

因為愧疚，亭均終於靜下心來，認真地上網閱讀妥瑞症的相關病例。以前，她只用「字面上的意思」去理解妥瑞症，現在，她開始用「心」，去理解自己這個和別人不太一樣的弟弟。

有一次，弟弟看電影時，因為症狀發作而發出怪聲，在電影院被人破口大罵。弟弟上網發文抒發情緒，結果引來一群鍵盤狂魔的無盡嘲諷：「有病就不該出門啊」、「電影院應該禁止妥瑞症入場」……等等。

極度充滿攻擊性的言論，讓亭均決定挺身而出，幫弟弟回擊了許多來自網路上不友善的言語辱罵。

成為最溫暖的依靠，弟弟由我來守護

亭均說，後來想看電影的弟弟，都會儘量選擇早場沒有人的時間。他們開玩笑說，有時完全沒有人，根本是包場——但依舊看得出她神情中對弟弟略有不捨。

「每次看到那些沒有同理心的人或著是言論，就會讓我想起，以前那個很不懂事、沒有同理心的自己。」

亭均這麼說的同時，一同受訪的弟弟威宇，和她交換了一個充滿默契的眼神。

同理心永遠不嫌晚

「我們的媽媽雖然已經因為胰臟癌離開了，但是接下來，我和弟弟會好好互相照顧彼此的。」

現在的亭均，除了是弟弟最可靠的戰友外，也是最挺他、最堅實的後盾。或許，我們都曾因為不理解，而無意間成為加害者，但是，只要能及早改善、調整自己的心態，同理心，永遠不嫌遲：）

用陪伴者的視角看妥瑞症

家人的支持是病友最大的力量

祝福姊姊護專畢業後幫助到更多需要的病友

文字：劉桓睿 / 癌友有嘻哈 謝采倪
採訪：劉桓睿 / 癌友有嘻哈 謝采倪
拍攝：Ryan chan
採訪協力：蔡孟儒 / 米娜哈哈記事本

從隱藏到練習坦然

思覺失調症陪伴者 Renee

照顧 / 陪伴者 / 醫病人員視角

> 她是 Renee，家中有位思覺失調症的母親。
> 媽媽狀況不好時，走在路上會對著空氣咆哮，
> 即便在家也是如此。
> 有記憶以來，Renee 就常與「害怕」和「徬徨」兩種感覺共處──
> 強制將媽媽送上救護車的昔日光景，
> 她到至今都還歷歷在目。

我的媽媽與我的家

從小時候開始，Renee 的母親，一直都處在情緒很爆炸的狀態。她回憶，媽媽其實好像沒有什麼病識感。狀況不好時走在路上會對空氣咆哮，情緒來時，會對著窗戶大吼大叫。鄰居曾為此向她們家的窗戶丟東西，試圖制止這樣的情緒鬧劇。

這種不穩定的情況一直持續著，除了鄰里關係外，也一路影響到她的校園生活。

媽媽好像哪裡怪怪的

大概是小學中年級的時候，有一陣子 Renee 媽媽的狀況也不太好，經常會打電話到學校找老師。名義上是關心 Renee 的上學狀況，但內容到後來都是情緒抱怨，向老師述說著自己人生中的各種遭遇。

在爸爸不懂、哥哥與自己也不知道要怎麼協助的狀態下，她的母親，漸漸的只待在家中，鮮少出門。

被強制送醫的母親，外人無法理解的眼光

高二那一年，Renee 媽媽的狀況已經到了非常嚴重的境界。開始會摔東西，有一次還差點跟鄰居起衝突。後來，里長開始定期到府拜訪，了解 Renee 家的狀況。

在一次談話中，里長提到有資源，需要的話可以選擇強制送醫。評估母親與家庭的現況後，Renee 和爸爸、哥哥決定求助里長，將媽媽強制送醫。

「我還記當救護車來的時候，我媽大喊著『幹嘛抓著我』，連住在樓上的外公，也衝下來擋車。」

「在媽媽的親戚眼裡，只看到我們一家人聯合出賣媽媽。」

到現在，這件事還是得不到親戚的諒解。偶爾就會聽到長輩說「你們怎麼會這麼不孝」、「竟然把你媽媽強行送走」這類的耳語。

病友家屬的障礙與心路歷程

Renee 的母親第一次就醫後，才被確診為思覺失調症（過去稱為精神分裂症）。

自己「和別人不太一樣」的家庭狀況，其實讓 Renee 一直以來，都有人際社交上的困難——是高二那年，接觸到學校的諮商專業，老師帶著她做了許多練習後，才慢慢克服社交障礙。

除了自身情緒外，有時還必須面對親戚的頻頻關心和「下指導棋」——對照護者來說，往往是種壓力。

有時候，問題就是解決不了。一句「你辛苦了」，反而更能給照顧者帶來心靈上的撫慰。

從隱藏到練習坦然，接納自己也接納家庭

Renee 坦承，這中間過程的辛苦，有時連她自己都會驚訝，自己到底是怎麼走過來的，她也還在練習著接納自己和她的家庭。

我們問她，現在還會害怕跟別人聊起自己家裡的狀況嗎？

「我現在反而希望能夠分享自己的故事，讓社會上更多人可以了解、並同理有類似遭遇的人。」

「因為我不希望有人跟我經歷一樣的狀況。」

Renee 堅定的說。

她想讓更多病友家屬知道，他們並不孤單。

最後她引用來自《脆弱的力量》的一句話：「但當你成功克服那些脆弱，它反而會成為你最強大的能力。」

\# 辛苦 Renee 了

\#別用肉眼看到的去定義一整個家庭的不孝

\# 用辛苦了來代替下指導棋

\# 病友和照顧者們都辛苦了

文字：洪群甯 / 癌友有嘻哈 謝采倪
採訪：洪群甯
採訪協力：蔡孟儒 / 米娜哈哈記事本

化照顧者的經驗為夢想的種子

失智症爺爺照顧者 小花

「你的爺爺不是你的爺爺」──
當失智症降落在一個家庭。
她是小花，任職於新創公司，
做著時下最夯的數據分析工作。
24 歲的她，另一個雙重身分，是一位照顧者──
照顧患有失智症的爺爺。

失智症的過程──你的爺爺不是你的爺爺

原本爺爺的身體硬朗，雖然已經高齡 93 歲，仍可以打理自己的生活。但漸漸的，爺爺開始忘記按洗衣機、忘記有沒有吃飯、忘記有沒有吃藥。原以為這些「忘記」，只是正常的老化現象，直到去年，爺爺一個人走上國道──成了新聞，上了媒體報導。

小花全家因此被網路公審、被輿論攻擊：「為什麼不看好老人？」

帶爺爺就醫後，經過巴氏量表的檢測，醫生判定，小花的爺爺有「輕度失智症」。失智症，讓爺爺的時間靜止在約莫 40 年前，沒有手機、沒有網路，一碗陽春麵 15 元的年代。

在過去，爺爺習慣走著固定路線撿發票回家。近幾年，因為電子發票的推廣，能撿的紙本發票變少了，但爺爺撿發票的習慣仍繼續著。

由於失智症導致認知退化，漸漸的，爺爺撿回來的東西，也不再只是發票……

一般輕度失智症到中重度，最快也要 1 到 2 年，但爺爺退化的速度更快，經常性走失──到派出所尋人開始像跑自家後院……這並非小花家人想要的常態。

他們曾經請過看護照顧，卻被爺爺打跑，因為爺爺認為看護是小偷。

認知混淆，讓爺爺有時也會懷疑自家人偷竊，甚至產生攻擊行為……

照顧者的身心理壓力

小花有想過讓爺爺到安養中心獲得更完善的照顧，但看過的環境都不
理想，就算有屬意的安養院，還有等待期的問題。

在沒有合適的選擇之下，由家人照顧是必然的選擇。孝順的小花自願
協助父母照顧爺爺。但卻沒想到，被照顧者影響照顧者的情緒，遠遠
超過她的預期。

小花說，照顧家人的耐心，消磨速度比外人想像中的更快。

善用網路與社會的資源，照顧者喘息服務

因為察覺到自己身為照顧者所承受的巨大心理壓力，小花透過網路，
尋找到可以幫助到自己的資源，像是「當我們老在一起」的喘息照顧
居家服務員。

透過偶爾請人與自己分擔居家照護的重擔，儘管時間短暫，對心理壓
力的舒緩，卻非常有幫助。小花發現，如果照顧者是年紀較長的父母
輩，可能會因為對網路工具的陌生，不知道該如何尋求協助，只好繼
續承擔身心的壓力。

化照顧者的經驗為夢想的種子

小花說，現在的她，已經不急於逃離照顧者的角色了，反而想著運用
這段經驗，找到改善長照現況的契機。她希望未來可以將自己身為照
顧者的經歷，結合數據分析，做一個和老人照顧相關的媒合平臺。

她說她也還不清楚這個目標，將會怎麼進行，但她希望可以盡一份心

力，幫助到更多需要的人。

我們也很期待，小花心目中的照護平臺，在未來可以真的被創造與落實！不如平臺的名字，就叫做：「我們都需要喘息」吧！

嗯？

這個名字很爛？

以下開放大家一起幫命名 XDDD（歪樓）

喘息照顧居家服務請搜尋：當我們老在一起

文字：謝旭如 / 癌友有嘻哈 謝采倪
採訪：米娜哈哈記事本
採訪協力：蔡孟儒 / 米娜哈哈記事本

> 「死之前，你喜歡你自己嗎？」
> 他是盧建彰，知名廣告導演，
> 曾執導過柯文哲和蔡英文的競選廣告。
> 但鮮為人知的，
> 是他自年少時，
> 就是位資深的癌症、失智症病人家屬陪伴者。

與死亡形影不離的青壯年華

17 歲，盧導的媽媽因為意外，而腦傷失智，常常會昏迷，甚至到指數三，經常緊急送醫。

出社會後，爸爸則是罹患了肝癌。導演回憶，他曾經目睹父親在家裡浴室狂咳，吐了滿浴缸的血——那個畫面，他到現在都還深刻地記得。

導演說，當時他的生活，有一半的時間都在跑急診室，更收過無數次來自醫院的病危通知。同年紀的朋友，大部分的人都還在思考如何賺更多錢、如何在事業上突破——唯有導演，正值青壯年華，就已和死亡多次交手。

照護病人要有同理心，但別讓心靈失衡

當年爸爸因為肝癌惡化，後來轉進安寧病房。那段期間，盧導每天 24 小時都擔任看護照顧爸爸，精神上承受了相當大的壓力。

「我曾經也以為，一味的付出就是愛。」

「但那時候最大的慰藉，就是離開病房去附近的咖啡廳，和朋友聊聊天。」

「咖啡廳離醫院不到 10 分鐘步行的距離──但卻因為這個適切的距離,才讓我可以定時放鬆,覺得更有能量去照顧我爸爸。」

導演認為,照護者這個角色,不應該是全力毫無保留的付出。照護時,也要經常評量自己的狀況。留時間讓自己喘息,也給病人保留空間──不把自己過度的擔心加諸在病人身上,會讓彼此都好過一些。

讓每個離開都有意義

除了父母相繼離開之外,最近幾個好友離去,也讓導演有很多感觸。

2017 年,一架直升機在花蓮墜機,機上乘客包含紀錄片《看見臺灣》導演齊柏林、助理攝影陳冠齊、機師張志光三人,全部罹難。

齊柏林導演,是盧導的摯友。面對好友驟逝,除了感傷之外,盧導更多的思考是──「如果你身邊所摯愛的人的離開是一堂課,那我們應該從裡面學到什麼?」

「如果就忘懷了,什麼也沒留下,那這些離開算什麼?」

「我們應該去在乎這個人曾經在乎的事,並且去延續,這個人才有意義。否則他的存在是否就如一場煙火秀,璀璨之後,什麼都沒有留下?」

做自己不是傲慢,而是更熱切的愛你所愛

或許是因為提早接觸到死亡議題,導演比誰都更加珍惜「做自己」的每一天。

「你喜歡你自己現在的樣子嗎?這件事才是重大的。」

導演堅定地說著。

現在的盧導,不只是一位廣告導演,他還是一位品味人生的詩人、小說家、作詞者、學學文創講師和跑者。每一個斜槓,都是導演貫徹

「做自己」信念的人生態度。

死之前，你喜歡自己嗎

盧導曾寫過一本書，叫做：《跑在去死的路上，我們真的活著嗎？》在經歷了父母的疾病、摯友的早逝——盧導明白，在生命結束前，即便平常覺得安全或穩固的事情，都有可能在瞬間破碎消滅。我們往往沒有能力阻止「它」，只能在發生後想辦法接受「它」。

確實啊，我們從出生落地的那一刻開始，就已經「跑在去死的路上」了。既然每個人都在跑向消逝的終點，何不把握每個當下，用全力跑出自己的樣子呢？

祝福大家
在離開的那一天來臨前
我們都能找到屬於自己人生的跑道
努力跑出自己喜愛的樣子：）
盧導演的粉專：盧建彰 Kurt

文字：高稚婷 / 癌友有嘻哈 謝采倪
採訪：劉桓睿
拍攝：康閔雯 / 蔣佩君
採訪協力：蔡孟儒 / 米娜哈哈記事本

不得已的鬥士

媒體記者 承紘

"

他是吳承紘，

曾任職於「關鍵評論網」，是一位媒體記者。

承紘主導過一個癌症系列專題，叫做「不得已的鬥士」。

過程中，他跟著幾位癌友受訪者，

持續記錄他們的生活，長達八個多月。

他坦承，這個採訪專題，其實讓他感到非常煎熬。

"

走入安寧病房的媒體記者

心理系背景的承紘，一直以來，都能敏銳地捕捉採訪對象的情緒訴求。不過擅長觀察別人的他，在進行這個專題時，卻忽略了自己的精神訴求。目睹病床上垂危癌友的屢弱身軀、痛苦的模樣以及受訪者的相繼逝去——這些記憶片段，都會不停在他腦海中反覆回放。

承紘坦承，這個以癌症病友和安寧病房為主的專題，過程中其實讓他心裡非常難受。但卻因為如此，才讓他看見不同於以往的觀察視角。

意想不到的社會惡意

若非與受訪者同進同出，深度參與癌友的生活——社會對於癌友的歧視，可能只會停在承紘的想像中。

承紘回憶，有一次他陪同一位受訪癌友一起前往禪寺，為她過世的愛犬超渡。禪寺的志工在得知眼前這個帶著鼻套管的瘦弱女士，是乳癌末期患者後，不自覺的朝後退了一步。承紘看在眼裡，他感到驚訝。「這是我活生生，第一次碰到社會大眾對於癌症病患的刻板印象。」可事實上，在對病友的刻板印象裡，這只是其中一小點罷了。

「得了癌症的人是前世造孽。」、「重病的人就應該躺平。」、「剃

了光頭的不良青年。」——諸如此類的言論標籤，都常常被社會大眾硬生生地貼在病友身上。

「生病已經夠辛苦了，癌友竟然還需要承受這些負面評價。」

吳承紘氣憤道。

病友承受的社會標籤

除了社會的歧視與標籤外，承紘說，如果上網查關於癌症病人的報導，會發現主流媒體大多喜歡把病友們塑造成一個個「生命鬥士」——每一位鬥士，面對疾病，看起來都勇敢又樂觀。

在採訪過程中，一位病人家屬曾和他分享：「我們從來沒有想要去當一個生命的勇者。在疾病這件事情上，成為所謂的鬥士，沒有人是主動願意的。」

是啊，面對疾病與未知，到底有多少人能夠樂觀以對？又有多少人能和新聞上寫的鬥士一樣勇敢呢？

「不得已的鬥士」，這個標題，突然就在承紘的心中浮現。

不得已的鬥士

「不得已」，這個詞背後可以傳達很多意思，像是在生病過程中的掙扎、病人被迫與疾病對抗的無力感。

「媒體總是用很正面的故事去包裝病友，但他們（病友）真的想要這樣的形象嗎？」

「我希望能夠給讀者，呈現不一樣的觀看角度。」承紘堅定地說。

後來，這個標題成為了整個採訪專題的正式名稱。2019 年，也由出版社與關鍵評論網出版成冊，書名便是《不得已的鬥士》。

故事結束後留下的

在深度採訪完幾位重病在身的受訪者後，承紘說，有許多病友願意接受採訪的初衷——都是希望他們的故事，能幫助到更多有病患的家庭，了解生病是怎麼一回事、知道如何應對。

「他們都已經生這麼嚴重的病了，每天都焦頭爛額，怎麼還有心力去幫助其他人呢？」

談及此處，承紘放慢了語速，像是在回憶與病友這段神奇的緣分。他說其實自己曾經差點要放棄這個專題，因為一直找不到合適的受訪者，一切完全碰運氣。

「但也是因為運氣，我才能親身見證這一堂生命課程。」

「那些已經離開的、和還沒離開的病友，都是我的人生導師。」承紘感慨地說，並且語帶敬佩。

致敬每一位生命鬥士
也謝謝承紘為病友寫下各種精采的故事
有興趣可以去買書來看看唷
不得已的鬥士

文字：符煜君 / 癌友有嘻哈
採訪：符煜君
採訪協力：蔡孟儒 / 米娜哈哈記事本

同理心，從自己開始做起

骨腫瘤治療中心 吳博貴醫師

他是吳博貴醫師，
臺北榮總骨腫瘤治療中心的主任，
已行醫多年，專攻骨腫瘤、軟組織腫瘤方面的治療。
在專業醫生的形象背後，
其實他也曾有過糾結與迷惘——
「身為醫生，是不是少關心病友一點，會比較好？」

情感連結帶來的心理壓力

吳醫師曾有一位跟了很久的病人，叫做沛沛。

沛沛是一位年紀輕輕、才二十多歲的軟組織肉瘤病友。從一開始確診，到後來多次轉移的手術，都是由吳醫師操刀。因為多年的治療陪伴，他們漸漸變得像家人一樣，情同手足。後來在過年期間，沛沛因為呼吸不適，到醫院掛了急診。

開工第一日，吳醫師便前去關心沛沛的情況——卻沒想到，她在住進急診的隔天，就因為肺部積水而逝世了。複雜的心情，加上沉重的心理壓力，吳醫師最後缺席了沛沛的告別式。

身為骨腫瘤醫師的心理課題

這些年經歷了那麼多的生離死別，曾讓吳醫師認真思考過：

「是不是少關心病友一點會比較好？」

醫生通常不會跟病人有這麼強烈的情感連結，尤其是在骨科癌症。即便現在有很多先進的醫療技術，仍有 25％的骨科癌症，無法治癒。

吳醫師形容，這種感覺，就像是你知道每四個朋友當中，就有一個會在五年內過世，當朋友離去時，心裡都會感到非常難過。

那麼當初你會選擇如何跟病友互動？還要和他們當朋友嗎？

學會直視死亡

吳醫師曾經嘗試在醫病過程中，與病人的情感上設下底線——但卻總是一再地被跨越。當他面對的病友年紀還小，他會想到自己的孩子；當他面對的病友年紀和他相近，他會想到自己的手足；年紀大一點的，則會想到自己的父母。

這樣的同理心，讓吳醫師最後還是選擇當一位「溫柔」的醫生，而不是築起一道高牆，拒絕和病人有情感連結。他說他現在也還在學習：如何平衡醫病關係裡帶來的心理壓力，以及勇敢面對死亡。

同理心的延伸——骨肉癌關懷之家

現在的吳醫師，除了醫院的工作外，也是「中華民國骨肉癌關懷協會」的理事長。他和夥伴們一起打造了骨肉瘤協會關懷之家，專門提供給住得比較遠或是外縣市的病友，在長途往返醫院回診時，能有一個免費、住起來方便舒適的暫時居所。

他們期許為病友打造「第二個家」，在這個家，不用擔心恐懼，只要放心地好好定期追蹤、接受治療就好。

好醫生，壞醫生

看完吳醫師的行醫哲學，大家一定都很希望被這樣的醫生溫柔對待，同時也很討厭那些老是板著一張撲克臉，三分鐘就快速結束問診的醫生吧？

然而，不願意交流、不擅長噓寒問暖的醫生，就真的是壞醫生嗎？其

實醫生就跟一般人一樣，有的人健談，有的人木訥，他們同樣害怕會受傷、被誤解。

醫生並非聖人，醫院也不是服務業，在要求醫療人員具備同理心之前，我們是否也可以選擇，先做一位有同理心的友善候診人呢？

醫療環境的友善，人人有責。同理心，從自己開始做起。

不要把醫生當服務業
善用網路資訊找到適合自己的醫生
多多鼓勵與愛惜醫護人員
不要動不動就威脅吉人
不要忽視醫護人員的辛勞動不動就上社團爆料

文字：劉桓睿 / 癌友有嘻哈 謝采倪
採訪：劉桓睿
採訪協力：蔡孟儒 / 米娜哈哈記事本

儀器無可取代的醫病溫度

乳癌復健 施晴云物理治療師

> 她是晴云，
> 物理治療師，
> 專長是協助產後乳腺物理治療。
> 五年前她開始走上協助病友做乳癌復健這條路，
> 是因為她的好友，
> 被確診出乳癌一期。

用自己的專業幫助生病的朋友

雖然大學實習期間就曾接觸過乳癌患者，但聽到朋友得到乳癌，還是讓她感到震驚。

「我很難過，心裡想著自己能做些什麼事情，幫她回到原本的生活呢？」

晴云拿出過去參與癌症復健人員培訓的講義，搜尋國外的期刊論文，重新學習乳房的生理結構。最後將乳癌術後常見的併發症，整理成條列式的治療方式，發表在部落格上，幫助朋友，同時也幫助更多的乳癌病友。

復健的目的，是為了回到最好的生活狀況

除了更新部落格外，現實中晴云也一邊開始協助手術、化療或重建義乳後的病友做物理治療。

乳癌術後常見的併發症包括淋巴水腫、肩關節角度受限等——雙手浮腫、手無法高舉，都會使病友難以回到從前的生活品質。

晴云認為，復健的目的是為了可以回歸到原本的生活品質。

用聊天陪伴病友

為了激勵病友復健，晴云會經常透過聊天，挖到一些病友以為不能做、但其實可以做的事情。

像是有很多病友會表示，術後還是很想要泡溫泉或搭飛機，有的病友則是想繼續跳佛朗明哥舞——但尋求復健的路上，卻經常被物理治療師潑冷水，說這樣不行、那樣不行，甚至是告訴病友「不可能」。

「難道生病開刀之後，想做的事情就一定要割捨嗎？」

晴云的做法是：評估可行後，依然鼓勵大家做自己想做的事情。她說許多病友會因此產生復健的動力，變得更加積極。

「我覺得過得開心也很重要，她們有自己的夢想，很可愛。」

晴云這樣說時，露出溫柔的笑容。

物理治療師的心路歷程

晴云坦承，其實在物理治療的職涯上，她也曾有過低潮、多次面臨抉擇。出社會後，一般有健保的醫院，為了一次服務多位病人，大多使用儀器治療。

「其實成就感很低，因為很像是一個操作儀器的小妹而已，我根本沒時間跟患者講話。」

後來她決定離開醫院，轉換跑道，到自費的診所繼續徒手治療。

儀器無可取代的醫病溫度

晴云說，或許她就是沒有胸懷大志，就只是想著要把每個手邊的個案顧好而已——一路上經常會被比較，誰誰誰在大醫院，妳怎麼只在小診所？

「我會覺得大家會來找我是信任我，想要從我這邊得到幫助，那麼我就盡力去做。」

「我可能就是井底之蛙啦，但這就是我小小的成就感啊！」

晴云用略帶不好意思地口吻說著。

寫到這兒，我們認為，晴云才不是一個待在診所裡的井底之蛙，她是一位充滿溫暖、用溫柔陪伴癌友走過復健之路的：專業物理治療師。

珍惜每位用愛付出的醫療人員

不要再用是在醫院還是待診所去評斷他們的付出

辛苦晴云了

之後也請繼續溫柔守護癌症病友們：）

文字：陳湘瑾 / 癌友有嘻哈 謝采倪
採訪：陳湘瑾
採訪協力：蔡孟儒 / 米娜哈哈記事本

適時給予多一句解釋

癌症陪伴者 陳冠宇中醫師

他是陳冠宇，一名中醫醫師。

念大學的時候，

他的爺爺被發現胃癌末期。

今年，爸爸也被診斷出口咽癌四期。

家人的罹病，讓他行醫以來，

比其他醫生多了一份同理心。

早期病痛勿輕視

回憶起家人相繼罹病，冠宇說，其實在確診之前，自己的爺爺和爸爸，都有出現長時間的不適與異樣。但可能就是因為工作太忙碌，也不特別重視身體狀況，他們對健康的態度總是草草了事，才會拖延到後期，演變成更嚴重的狀況。

用同理心行醫

冠宇說，由於自己就是醫療背景，身為家屬在得知自家人罹癌時，他還是能保持醫者的鎮定，不會過分恐懼和擔憂。

但因為這樣的經歷，自己才能更加理解病人和他們的家屬，在確診時那種慌亂焦慮的心情。多了一份同理心後，冠宇說自己往後在看診時，都會特別留心，患者還需要什麼樣的協助。

多一句的解釋

冠宇舉例，像自己的父親在做癌症檢查的時候，他都會進一步向爸爸解釋：這個檢查背後目的是什麼，預期會有什麼樣的效果。父親心裡

有個底之後，情緒上比較不會那麼焦慮。

因此看門診時，如果是遇到第一次來或是狀況比較嚴重的病患，冠宇都會儘量多留點時間，和他們做詳細的解釋和說明，設法讓病人與家屬安心一點。

「適時的給予多一句解釋」──這便是冠宇現在的行醫態度。

來自病人的挑戰

雖然對病人有自己的一套，但冠宇無奈地承認，有時候還是會遇到讓他也手足無措的狀況。

像是，有些病人會帶著既定的想法來看醫生。他之前遇過一個狀況比較嚴重的乳癌患者，她表示自己不想要開刀和化療，只想要透過吃中藥進行治療。冠宇表示，以醫生的角度，完全不建議做這樣的決定。

他會告訴病患，建議她去做正規的西醫治療，如果化療後有體力不好、想吐吃不下的狀況，中醫再提供協助，是比較合適的。

但是建議歸建議，病患最後是否採納建議並且配合，醫生其實也束手無策。

中醫的迷思

除了病人的狀況以外，冠宇提及，在中醫的用藥上，其實也存在著許多迷思。像是有些人會建議癌症患者，人參和當歸這兩味藥不要用。因為擔心藥材滋補到癌細胞，反而加劇病情。

冠宇解釋：「因為中醫開藥基本上都是多項藥物一起使用，很少說是單吃某個藥。」

「所以以中醫最新研究的角度認為，只要不是單帖藥物大量使用，其實不太會出現助長癌細胞生長的副作用。」

此外，也經常有癌友問他：燒酒雞、麻油雞這樣中藥基底的食物，治療時到底能不能吃？他建議，不是完全不能吃，只是一定要注意：「淺嚐即止。」

投身公益的行列

有感於在漫長的治療挑戰下，癌友們總會產生大量的醫病疑問──後來在朋友的介紹下，冠宇加入了一個全女性乳癌的社群。

冠宇利用自己行醫空暇的時間，在社團裡定期回答病友們提出的疑問。他做這些，完全都是公益無償的。

他說，他只是希望可以盡一點自己的心力，向病友們傳播正確的醫病觀念，避免病急亂投醫的情形發生。

「中西醫一起結合，可以幫助你更好的打一場長期抗戰。」

冠宇再次強調：「要相信自己，也可以相信醫生。」

＃謝謝冠宇醫生

＃終於解答了癌友們能不能吃麻油雞的疑惑

＃要記得淺嚐即止唷

文字：符煜君 / 癌友有嘻哈

採訪：符煜君

拍攝：符煜君

採訪協力：蔡孟儒 / 米娜哈哈記事本

將影響力用到對的地方

桃園敏盛醫院研究副院長 江坤俊

他是江坤俊醫師，
是臺灣知名的乳癌權威，病友都稱他「江神」。
被封神的背後，
江醫師說他只是希望可以好好對待每一位病友——
哪怕有時，
必須得挑戰傳統的醫病框架。

江神的行醫風格

江醫師的行醫風格，一向以「同理病友需求」、「細心解說病情」為人載道。

一般醫院，大多有一套標準的治療流程，什麼情況需要手術、什麼時候才能用藥、什麼藥要開過刀才可以開給病人，都有一套規則讓醫生們遵循。但他提到，有時候「規則」，卻不一定能符合所有病友心中的「需求」。

行醫路上的抉擇

江醫師回憶，他曾遇過一位年邁的乳癌病患，堅持不開刀。對方強烈表態，如果需要動手術才能用藥，那她寧不接受治療。當時江醫師看看她的報告，再看看一旁心急如焚的病人女兒，深知眼前的病患如果不開刀也不吃藥，情況會非常不樂觀，命不久矣。

「如果你是我，你是要任由病人放棄治療然後死去，還是打破準則救她一命？」江醫師表情嚴肅地問。

他選擇後者。

同理病人的醫生難題

由於江醫師有時會為病人打破院方的準則，院內有一些醫師，其實對他的做法不太認同。他說他可以理解其他醫師的疑慮，畢竟大家都有專業的考量。

但他坦承，以病人需求為優先卻得衝撞體制，確實讓他心裡承擔了不少壓力。但江醫師對病人的用心與同理心，很多病友都看在眼裡，並且由衷地感激。也因此，江醫師行醫多年以來，除了有「江神」的稱號外，也被病友們叫做「暖醫」。

暖醫稱號的由來

身為一位「暖醫」，江醫師說，其實他也只是願意多花一些時間，和病人好好說明她們的病而已。江醫師說，即便診間繁忙，多年以來他依舊堅持「多說一點」的行醫原則，是因為他的奶奶。

江醫師回憶起小時候，慈祥和藹的奶奶，非常寵愛他。讀大學時，奶奶的肝發生一些病變，開始長時間養病。離鄉念大學的江醫師，經常掛念奶奶，頻繁地返鄉探望她。但奶奶的脾氣卻變得越來越差，甚至經常對他破口大罵，和童年時的溫柔簡直判若兩人──這樣的轉變，讓江醫師開始慢慢疏離了奶奶，甚至不太喜歡奶奶。

如果當時的醫師可以再多說一點

直到奶奶去世後多年，江醫師才在醫學課堂上學習到：「肝硬化」的病人，體內的毒素會無法被排解，容易影響腦部引發「肝腦病變」，進而導致脾氣失控──就像是「變了一個人一樣」。江醫師當時才恍然大悟，奶奶的轉變，不是出自她的本意，而是因為她的生病。

「奶奶去世那麼久，我竟然是多年後在教科書上看到了真相，才真正

對奶奶的離去感到不捨。」

「如果當時醫師有好好說明病情，我就不會誤會奶奶了。」
江醫師惋惜地說。

過去的遺憾，因此在日後成了江醫師的行醫準則：「寧可多說，也不要少做。」

將影響力用到對的地方做良善的事

時至今日，江醫師已是乳癌界的權威。經常受到媒體訪問、上電視節目，他自身經營的社群聲量也很高，發文動輒千人轉發、萬人按讚。面對自己的影響力，江醫師說他沒有興趣用這些賺取名利，他只希望透過影響力，幫助更多需要的病友癌友。

他舉例，有一些原本不願意面對乳癌的長輩，是因為看到他上電視，長輩們敞開心房後，才願意走出家門，到醫院嘗試治療的。

「只要可以讓更多的病友，願意出來嘗試治療，哪怕辛苦，我也會更努力地參與，或自己設計更多節目讓病友面對疾病。」

聊到如何幫助病友，江醫師的眼睛，總是閃閃發光。

#也歡迎追蹤優質節目

#江醫師說健康

#是江醫師自掏腰包不業配也不接代言的自製節目

#謝謝江醫師為病友做的一切

#江醫師的粉專：江坤俊醫師

文字：劉桓睿 / 癌友有嘻哈
採訪：劉桓睿
採訪協力：蔡孟儒 / 米娜哈哈記事本